LE
SERVICE DE SANTÉ DE NOTRE ARMÉE

LES RÉFORMES URGENTES

Observations présentées par le Dr DOYEN, le 7 Juillet 1915

à la Commission de l'Armée du Sénat (Service de Santé)

et à la Commission d'Hygiène de la Chambre des Députés.

2e ÉDITION

LE

SERVICE DE SANTÉ DE NOTRE ARMÉE

LES RÉFORMES URGENTES

Observations présentées par le Dr DOYEN, le 7 Juillet 1915

à la Commission de l'Armée du Sénat (Service de Santé)

et à la Commission d'Hygiène de la Chambre des Députés.

Monsieur le Président, Messieurs,

J'ai eu l'honneur de vous exposer le 8 janvier dernier, dans une lettre aux membres du Parlement, le mauvais fonctionnement du Service de Santé de nos armées et les moyens d'y remédier.

Nul n'ignore que, depuis le début des hostilités, nos malheureux soldats sont morts par milliers faute de soins immédiats, les uns d'hémorragie, les autres de plaies viscérales, le plus grand nombre d'accidents infectieux : septicémie, gangrène gazeuse et tétanos. Pour ceux qui ont survécu et dont plusieurs centaines de mille resteront infirmes, l'examen impartial des faits démontre que plus de 50 p. 100 des amputations et des infirmités permanentes auraient pu être évitées.

Non seulement, le ministre responsable, en dépit de nombreux avertissements, n'a pas pris les mesures les plus urgentes, mais, ce qui est plus grave, les fautes des premiers mois viennent de se répéter aux Dardanelles, où le désarroi du Service de Santé a dépassé celui des semaines les plus attristantes de la guerre actuelle.

Avant de vous soumettre l'ensemble de mon projet de réforme, je vais vous exposer comment j'ai été conduit à étudier le fonctionnement du Service de Santé du ministère de la Guerre dans son ensemble. Cette réforme est une œuvre patriotique, qu'il faut réaliser sans retard.

LES FAITS

Vers le 20 août 1914, justement ému des mauvaises nouvelles qui nous parvenaient du front, je me suis mis à la disposition du Service de Santé pour combattre les maladies infectieuses médicales et chirurgicales, notamment celles dues aux microbes pyogènes.

Je pouvais me rendre utile en inspectant les formations chirurgicales, dont l'insuffisance était notoire, et en organisant, conformément aux résultats enregistrés dans plusieurs rapports officiels, la lutte contre les complications infectieuses des plaies de guerre.

Le 28 août, je reçus un ordre de mission comme chirurgien consultant de la 10° région (Rennes).

Je demandai à la 7° Direction pourquoi on n'utilisait pas ma compétence au front. « Votre présence, me fut-il répondu, n'est pas indiquée au front, où l'on opère très peu ; vous rendrez plus de services dans la 10° région, qui est une de celles où seront évacués le plus grand nombre de blessés gravement atteints. »

Je fus autorisé à me faire accompagner par un de mes assistants, le Dr Spencer Browne, chirurgien anglais.

Arrivé le 30 août à Rennes, le directeur du Service de Santé de la 10° région m'envoya immédiatement à Saint-Brieuc, d'où il venait de recevoir des nouvelles inquiétantes. Je trouvai de nombreux blessés atteints de complications graves, arthrites purulentes ou phlegmons gazeux, que les chirurgiens n'avaient pas opérés parce qu'ils avaient reçu des instructions formelles du professeur Delorme, leur ordonnant de panser à plat, et de s'abstenir de toute exploration, sous le prétexte que les plaies de guerre étaient aseptiques. Les médecins-chefs des formations chirurgicales avaient été d'autant plus impressionnés que les instructions du professeur Delorme avaient reçu la haute approbation de l'Académie des Sciences, cette Société ayant pris le soin de les éditer et de les adresser à tous les médecins militaires.

Je fis immédiatement transporter les blessés en danger dans l'hôpital local le mieux installé pour la chirurgie, et je fis les opérations nécessaires : incisions articulaires et débridement de foyers purulents suivis de tamponnement antiseptique et de drainage.

La plupart des médecins, improvisés chirurgiens, n'osaient pas intervenir à temps ; d'autres, incapables de différencier la mortification superficielle d'une plaie sanieuse et la gangrène progressive, voulaient amputer des membres qu'il était possible de conserver grâce à des pansements antiseptiques humides et souvent renouvelés.

Ces médecins avaient été désorientés non seulement par les affirmations catégoriques de Delorme, mais aussi par celles de plusieurs conférenciers militaires, lesquels étaient venus leur enseigner que la chirurgie de guerre était toute différente de la pratique civile, en temps de paix. Ils m'ont regardé avec étonnement ouvrir des articulations suppurées et les bourrer de compresses antiseptiques ; quelques jours après, ils m'ont montré ces opérés hors de danger.

Le mal causé par la vulgarisation intempestive des instructions de Delorme s'était tellement répandu qu'il me fallait répéter les mêmes démonstrations dans chacun des hôpitaux que je visitais. De retour à Rennes, je fis part de mes observations au directeur régional : trois cas de tétanos et un cas de gangrène foudroyante venaient de se déclarer ; la situation pouvait devenir grave d'un moment à l'autre en raison de l'afflux considérable des blessés et de l'insuffisance des moyens de traitement dont on disposait.

J'appris alors qu'aux gares d'évacuation, lorsque le nombre de blessés était insuffisant pour remplir les wagons, la formation restait en gare et les blessés demeuraient dans les wagons pendant vingt-quatre ou quarante-huit heures, jusqu'à ce que le train fût complet. Pendant ce long calvaire, ils n'étaient pas pansés et ils n'étaient ravitaillés que par la charité publique. La plupart des trains n'étaient pas convoyés par des médecins, et les blessés, incapables de se lever, arrivaient après deux, trois, quatre et cinq jours de voyage, souillés par leurs déjections.

Ces trains, qui se multipliaient, arrivaient avec des retards de six, dix et même quinze heures, que les commissaires des gares ne prenaient pas soin d'annoncer, de telle sorte que les personnes de bonne volonté qui assuraient la répartition des blessés dans les hôpitaux attendaient souvent d'heure en heure jusqu'à minuit ou 1 heure du matin. Chacun rentrait chez lui, fatigué et découragé; le train arrivait deux heures plus tard et les blessés attendaient jusqu'au matin le retour des voitures. Le nombre des blessés dépassant toutes les disponibilités, on renvoyait des trains entiers vers d'autres villes où ces malheureux ne parvenaient, exténués, que vingt-quatre ou quarante-huit heures plus tard. Parmi les blessés s'étaient trop souvent glissés des simulateurs, portant un pansement sur une plaie imaginaire.

Le 3 septembre, le Directeur régional de Rennes, ne recevant aucune réponse à ses observations télégraphiques, m'envoya en mission à Paris pour mettre la 7e Direction au courant des desiderata les plus graves et pour prendre à ma clinique le matériel chirurgical qui m'était indispensable.

Les pansements étaient déjà très rares et les médecins n'étaient pas fixés sur l'emploi des antiseptiques. J'ai recommandé, comme pouvant remplacer avantageusement les antiseptiques en usage, la liqueur de Labarraque du codex, préparation chlorurée alcaline non irritante, non toxique et dont le prix de revient est infime (1).

Le directeur du Service de Santé venant de partir pour Bordeaux à la suite du ministre, j'ai trouvé le sous-directeur qui a reçu mes observations écrites et m'a autorisé à emmener avec moi un autre de mes assistants, le Dr Yamanouchi, bactériologiste japonais, élève du professeur Metchnikoff, pour me seconder dans les recherches bactériologiques que je voulais entreprendre sur la flore microbienne des plaies de guerre.

De retour à Rennes, je recommençai avec le Dr Browne l'inspection des blessés militaires dans les trois départements de mon ressort et je confiai au Dr Yamanouchi les recherches bactériologiques.

Je fis partout les mêmes constatations qu'à ma première visite à Saint-Brieuc : on traitait des blessés atteints de phlegmons et de foyers septiques par les pansements secs, sans incision et sans drainage.

LA RÉPARTITION DES BLESSÉS

La répartition des blessés, qui arrivaient chaque jour en nombre plus considérable que celui des lits disponibles était faite, au plus vite et sans qu'il soit possible de tenir compte de la gravité des blessures.

(1) La liqueur de Labarraque du Codex, à la dilution de 10 0/0 dans l'eau stérilisée, possède le même pouvoir microbicide que la solution aqueuse de bichlorure de mercure à 1 pour 1000; mais elle n'est ni irritante ni toxique. On peut l'employer dans certains cas à la dose de 20 0/0, de 50 0/0 et même *pure*. Le pouvoir microbicide de la liqueur de Labarraque pure est équivalent à celui de la solution aqueuse de bichlorure de mercure à 1 0/0.

Je visitais chaque jour plusieurs centres d'hospitalisation, ignorant au départ quel serait notre labeur journalier. Tantôt je ne trouvais que deux ou trois cas de blessures graves, tantôt j'arrivais dans un village de quelques centaines d'habitants, où il me fallait pratiquer dix ou quinze opérations urgentes, particulièrement des interventions pour plaie pénétrante du crâne, des ouvertures de phlegmons gazeux avec ablation d'esquilles osseuses de projectiles de guerre et de débris de vêtements, des arthrotomies, des ligatures d'artères pour anévrismes diffus et hémorragies secondaires, rarement une amputation.

Un matin, j'appris à la Direction de Rennes que trois cents blessés, gravement atteints, avaient été envoyés pendant la nuit dans une nouvelle formation où on ne les attendait que trois jours plus tard et où il n'y avait que deux médecins, sans matériel chirurgical. Je m'y suis rendu avec le Dr Browne et nous avons pratiqué le jour même, avec les D^{rs} d'Hotel et de Tersannes, soixante et une opérations conservatrices dont quarante-neuf sous l'anesthésie chloroformique.

Il n'y avait dans cette formation improvisée aucun matériel à pansements : seulement de l'eau bouillie et des vieux draps, coupés en rectangles de diverses dimensions. Heureusement, le pharmacien du village avait un peu de chloroforme. Les blessures anfractueuses ont été tamponnées avec cette toile bouillie, qui a servi également à faire les mèches pour le drainage et à recouvrir les plaies en guise de pansement.

Je fis immédiatement préparer de la liqueur de Labarraque pour assurer l'antisepsie de ces plaies suppurantes. Huit jours après, tous ces opérés étaient en voie de guérison.

Dans d'autres hôpitaux, très riches en objets de pansements, c'était au contraire un gaspillage effréné de coton hydrophile, de gaze aseptique, d'eau oxygénée, d'alcool et d'éther.

Le Directeur régional, à l'activité et au zèle duquel je rends hommage, me chargea de visiter certaines localités où de jeunes chirurgiens et même des médecins auxiliaires, anciens internes d'hôpitaux de province, amputaient à tort et à travers des membres atteints de sphacèle localisé, de fracture ouverte ou de suppuration articulaire. Ailleurs, des oculistes, des dentistes, des spécialistes des maladies de l'estomac et de la nutrition avaient à traiter des blessés gravement atteints et ils se contentaient de les panser selon le professeur Delorme, laissant la nature agir et attendant que la septicémie ou la gangrène fissent leur œuvre.

A chaque passage à Rennes, c'était un déluge de circulaires, contradictoires d'un jour à l'autre, émanant toutes de la 7ᵉ Direction, plus désorientée encore après sa fuite à Bordeaux et qui avait la prétention de régler, dans toute la France, les détails les plus infimes ; tel un ministre de l'Intérieur qui aurait voulu diriger tous ses services, jusqu'à la moindre préfecture.

Les amputations se multipliant d'une manière inquiétante dans certaines localités, je proposai au Directeur régional, qui m'avait chargé d'une enquête sur un cas d'amputation faite à la légère, un moyen très simple de prévenir de pareils abus : « Nulle opération grave, notamment les opérations sur le crâne, sur le thorax, sur l'abdomen et sur les articulations, nulle amputation, s'agirait-il d'un doigt, ne pourraient être faites sans une consultation entre le chirurgien traitant et les deux médecins militaires du plus haut grade qui seraient réunis en temps opportun ; consultation dont le protocole, signé par les trois médecins, serait adressé à la Direction régionale du Service de Santé. »

Les conseils que je donnais dans mes visites hospitalières étaient très simples :

« Temporiser lorsque la plaie est aseptique, serait-elle compliquée de fracture.

« Inciser, drainer et tamponner tous les foyers purulents.

« Réserver les pansements secs et rares aux plaies aseptiques. Traiter les plaies suppurantes et infectées par les pansements humides antiseptiques non irritants, qu'il faut renouveler, dans les cas graves, deux ou trois fois par jour.

« Employer de préférence à tout autre antiseptique, pour le lavage des plaies et pour les pansements humides, la liqueur de Labarraque du Codex, à la dilution de 5 p. 100 dans l'eau bouillie.

« Pour les plaies pénétrantes du crâne : extraire les esquilles et les corps étrangers et s'abstenir de tenter des manœuvres profondes.

« Temporisation pour les plaies de l'intestin et des voies urinaires, la survie du blessé, pendant plusieurs jours (trois ou cinq jours en moyenne), témoignant que le cas était d'un pronostic favorable.

« Ne faire aucune amputation en dehors des cas où la fonction du membre est irrémédiablement perdue ou bien où la vie du blessé se trouve en danger.

« Pour la main et des doigts, traiter les plaies déchiquetées par l'irrigation continue antiseptique, et ne sacrifier ultérieurement que les parties complètement sphacélées.

« S'abstenir de la recherche des projectiles profonds lorsqu'ils ne produisent aucun désordre.

« Remettre les opérations autoplastiques et les opérations sur les nerfs à une époque ultérieure, et les différer en général jusqu'à la cicatrisation de la plaie primitive. »

La désignation des médecins-chefs de beaucoup d'hôpitaux ayant été faite à la hâte et sans qu'il soit possible de vérifier leur compétence technique, il était indispensable de désigner, dans chaque centre chirurgical, un chirurgien consultant qui devait être appelé dans les cas graves et serait chargé des opérations délicates. Les instructions ministérielles autorisaient la nomination de chirurgiens consultants locaux, mais la 7ᵉ Direction a refusé à ces chirurgiens consultants le droit de visiter les hôpitaux de leur circonscription, et ils devaient attendre l'appel de leurs confrères, trop souvent inexpérimentés.

Les meilleures volontés se heurtaient aux intérêts particuliers. La plupart des médecins exigeaient « de grands blessés » et c'est ainsi que la répartition avait lieu dans les conditions les plus contraires à l'intérêt de nos vaillants soldats.

Mes efforts pour réunir, dans chaque grand centre chirurgical, tous les blessés qui devaient subir une opération dans un ou plusieurs hôpitaux dotés de chirurgiens de carrière, demeurèrent presque stériles en présence des intrigues et des influences locales, et il me fallut constater que trop souvent l'intérêt particulier des médecins primait celui des malades. A Rennes particulièrement, les compétitions personnelles battirent leur plein ; un certain nombre de chirurgiens se prétendaient le droit de pratiquer à leur guise et sans contrôle les interventions les plus fantaisistes. L'un d'eux amputait l'avant-bras pour une plaie dorsale du poignet superficiellement sphacélée ; un autre sectionnait transversalement les deux muscles pectoraux pour chercher dans l'aisselle une balle aseptique et inoffensive, qu'il ne put découvrir, pas plus qu'il ne réussit à réparer les muscles maladroitement sectionnés ; un troisième provoquait des pleurésies purulentes chez des soldats atteints de plaies du thorax inoffensives et aseptiques, en leur injectant de l'azote, sans précautions antiseptiques. Un autre opérateur faisait des laparotomies à des soldats atteints de fistules intestinales bénignes et il tuait des malheureux que les balles allemandes avaient épargnés.

Le seul centre chirurgical qu'il m'ait été possible d'organiser dès ma première visite, grâce à la collaboration du Dr Noblet, médecin délégué de la circonscription, et du D^r Le Monnier, médecin-chef de l'Hôpital 37, a été celui de Granville où toutes les opérations des blessés français ont été pratiquées à l'hôpital le mieux organisé, installé dans les bâtiments luxueux de l'Hôtel Normandy.

Les blessés légèrement atteints et les convalescents étaient répartis dans les autres formations et dans les bourgades voisines.

Les blessés allemands étaient opérés à l'hôpital mixte, où ils étaient internés.

Le service chirurgical de l'Hôpital 37 fonctionnait dans d'excellentes conditions : ainsi le jour même et le lendemain de l'arrivée de 725 blessés, nous avons opéré, dans une seule salle d'opérations munie de deux tables, avec deux séries d'instruments, le premier jour 68 blessés et le deuxième jour 48 blessés, soit en tout 116 blessés atteints de grands fracas osseux et articulaires, de plaies pénétrantes du crâne et du thorax, dont un soldat atteint de péricardite purulente avec plaie du cœur, que j'ai revu récemment, guéri avec quelques adhérences péricardiques.

La répartition des blessés doit être remaniée après le premier examen : il y a en effet, à l'arrivée des trains, des blessés couchés qui ne sont pas très atteints ; au contraire, j'ai vu un certain nombre de soldats atteints de plaies pénétrantes du crâne avec début d'encéphalite et infection streptococcique qui arrivaient sans pansement, les cheveux collés sur l'orifice, se plaignant à peine et sans symptômes extérieurs.

Il me semblait indispensable de réunir : 1° les plaies du crâne et de la tête ; 2° les plaies du cou et du thorax ; 3° les plaies de l'abdomen et du bassin ; 4° les plaies des membres sans fracture ; 5° les fractures aseptiques ; 6° les fractures infectées.

Chaque blessé peut être ainsi mieux surveillé que si le chirurgien traite côte à côte des plaies pénétrantes du crâne, des plaies superficielles et aseptiques, des fractures compliquées, des fistules intestinales ou vésicales, des phlegmons gazeux, des gangrènes superficielles et des gangrènes gazeuses.

Cette confusion a été grande dans toute la France et, lorsque la 7ᵉ Direction a ordonné d'opérer les appendicites ou les cures radicales de hernie, des hommes en pleine santé ont succombé à la gangrène gazeuse, parce que ces opérations ne pouvaient pas être faites sans danger dans des milieux infectés.

Je constatai presque partout l'incompétence la plus notoire et l'inobservance des précautions antiseptiques les plus élémentaires.

C'est à Granville que j'ai observé les premiers cas de mutilations volontaires de la main. Ces blessures étaient d'un type uniforme : petit orifice palmaire et grand éclatement dorsal.

Après mes premières constatations, je me suis fait présenter un certain nombre de blessés atteints de plaies de la main ou du pied et je suis arrivé à des conclusions précises, qui permettent de reconnaître, même après guérison, les coupables.

Parmi les visites navrantes qu'il m'est arrivé de faire dans mes tournées journalières, je dois citer une formation d'une petite ville de la 10ᵉ région, où la stricte observance des règles formulées par Delorme pour des plaies graves des membres avait provoqué des désordres incroyables, notamment des phlegmons putrides et éléphantiasiques, nécessitant l'amputation.

LE TÉTANOS

Le Directeur régional me chargea tout particulièrement de visiter les foyers de tétanos.

C'était en septembre, au moment où les blessés arrivaient chaque jour par milliers. Plus de 300.000 de nos vaillants soldats avaient été transportés dans les trains qui servaient aux mouvements de troupes, au ravitaillement et au transport du matériel et des munitions. Ils arrivaient dans les centres de répartition après un séjour de trois, quatre ou cinq jours dans des fourgons à peine garnis de paille, mal suspendus, d'où l'on se contentait de descendre aux principales stations ceux qui venaient de mourir en route.

Des ordres formels de la 7ᵉ Direction défendaient de descendre des blessés, fussent-ils en danger, avant la résidence fixée à l'avance par les gares régulatrices qúi, d'ailleurs, ne tenaient aucun compte du nombre de lits disponibles dans chaque région.

Trois ou quatre cas de tétanos se déclarèrent dans une ville et ces cas se multiplièrent pendant quelques jours, puis cette petite épidémie locale s'atténua et cessa tout à coup. Ces faits se reproduisirent dans un certain nombre d'hôpitaux.

J'ai recherché si l'on devait accuser comme facteur du tétanos la paille des vagons, ou bien s'il y avait eu contamination d'un blessé à l'autre par des instruments mal désinfectés et par les mains des infirmiers. Mon enquête me permit de constater que les cas de tétanos survenus dans une même ville et au même moment affectaient des blessés qui venaient du même champ de bataille et dont les plaies avaient été souillées par la même terre.

Toutes les plaies compliquées de tétanos, petites ou graves, étaient des plaies sanieuses et septiques, contenant des débris vestimentaires ou des corps étrangers; plusieurs de ces plaies avaient été inconsidérément suturées dans les ambulances du front.

Ces plaies étaient compliquées de suppuration fétide ou de rétention purulente, favorisée par l'adhésion du pansement sec aux bords de la plaie. Le traitement du tétanos confirmé par les méthodes ordinaires, chloral à hautes doses et injections sous-cutanées de sérum antitétanique ne donnant pas de résultats appréciables, sauf dans certains cas à longue incubation, que l'on sait d'un pronostic moins sévère, j'ai engagé les médecins de la 10ᵉ région qui observaient des cas de tétanos à les traiter, soit par les injections sous-dure-mériennes de sérum, suivant la méthode de Borrel, soit, suivant la méthode plus simple et inaugurée avec succès à la fin de l'année 1909 chez deux malades par le Dʳ d'Hotel, de Poix-Terron (Ardennes) qui venait de me faire part de ses résultats, je veux dire par les injections intrarachidiennes de sérum suivies de renversement du tronc en position de déclivité bulbaire.

Les injections de sérum sous la dure-mère cranienne n'ont pas amélioré l'état des tétaniques. Il en fut autrement des injections intrarachidiennes, suivies de renversement du tronc.

Une première série de succès obtenus par le Dʳ Brisset, de Saint-Lô et par le Dʳ Le Monnier, de Granville, a démontré que cette méthode méritait d'être étudiée avec le plus grand soin, afin de déterminer quelle dose initiale devait être injectée et quels devaient être l'intervalle et les doses des injections suivantes. On comprendra l'importance de ces résultats et l'enseignement qui en résulte. (V. *Bull. Soc. Biologie*, 31 octobre 1914).

LE SERVICE DE SANTÉ AUX ARMÉES

Je me suis renseigné en même temps sur ce qui se passait au front : ma documentation est précise, car j'ai interrogé les blessés évacués depuis la retraite de Charleroi jusqu'à la bataille de la Marne, puis ceux qui ont été évacués depuis l'offensive générale jusqu'à l'occupation du terrain reconquis sur l'ennemi.

J'ai appris par tous ces blessés, dont un certain nombre étaient des médecins de l'armée active ou de la réserve, le désarroi des premiers jours, le mauvais fonctionnement des corps indépendants de brancardiers et des ambulances divisionnaires, dont la plupart n'avaient pas le matériel nécessaire ou bien restaient inutilisées, enfin les incohérences et les fautes des services de l'arrière, dont dépend l'évacuation des blessés vers l'intérieur.

A BORDEAUX

Arrêté au cours de mes opérations par une infection streptococcique qui m'est survenue malgré mes gants de caoutchouc, perforés par des esquilles osseuses tranchantes et à la suite de laquelle j'ai dû m'opérer moi-même une première fois à Granville, je partis en mission à Bordeaux, pour exposer à la 7ᵉ Direction l'état déplorable des formations chirurgicales de l'intérieur et pour proposer des réformes urgentes. C'était aux premiers jours d'octobre. Le Ministre refusa de me recevoir; le Directeur du Service de Santé, après un entretien de quelques minutes, où je lui demandai de me désigner pour appliquer sur les tétaniques, alors nombreux à Bordeaux, le traitement de cette maladie par les injections intrarachidiennes de sérum, ne me donna aucune réponse ; il me fit renvoyer par ses bureaux, sans m'accorder une nouvelle audience, à Paris, où il me signifia ultérieurement, sous un prétexte futile, le retrait de ma mission.

LA FORCE D'INERTIE DE LA 7ᵉ DIRECTION

De retour à Paris, j'ai dû m'opérer d'un second foyer purulent à streptocoques.

Dès que je fus rétabli, je demandai à la Direction du Service de Santé du camp retranché de Paris l'autorisation de consulter les observations des cas de tétanos qu'on y avait centralisés, afin de déterminer, ce qui est très important pour le traitement de cette maladie, les rapports qui existent entre la durée de l'incubation et la gravité des accidents.

J'essuyai encore un refus formel.

Une partie de ma clinique étant transformée en hôpital auxiliaire, j'ai donné mes soins à un certain nombre de blessés militaires; j'ai opéré notamment plusieurs cas de lésions nerveuses et j'ai déterminé le mode opératoire qui convient le mieux à chaque cas particulier. Mes opérations ont confirmé les bons résultats que j'avais obtenus antérieurement de la suture nerveuse, faite d'après une bonne technique.

J'ai poursuivi, en même temps, avec le Dᵣ Yamanouchi, l'étude bactériologique des plaies de guerre et j'ai continué à me documenter sur les fautes du Service de Santé aux armées, sur l'évacuation des blessés et sur leur traitement dans les hôpitaux de l'intérieur.

Parmi les fautes lourdes qui ont été commises à cette époque dans un certain nombre d'hôpitaux militaires, il faut noter des résections osseuses d'emblée pour de simples plaies articulaires et des amputations de jambe pour gelure partielle du pied, lésion qui peut guérir avec une mutilation limitée à la perte des parties sphacélées, si l'on agit conformément aux préceptes de la méthode conservatrice. Ces mutilations regrettables n'auraient pas eu lieu si le Directeur du Service de Santé avait réglementé, suivant mes propositions antérieures, les opérations graves, notamment les amputations, en exigeant une consultation écrite et motivée, signée par trois médecins militaires (voir p. 4).

Les hôpitaux de l'intérieur continuaient à recevoir des blessés qui leur parvenaient dans un état pitoyable, parce qu'ils n'avaient pas reçu en temps opportun les soins que comportait leur état. Nous verrons que cette insuffisance des formations chirurgicales de l'avant était l'œuvre de la 7ᵉ Direction, qui avait fait preuve partout de l'incompétence la plus notoire.

Les renseignements qui nous parvenaient chaque semaine du front démontraient en outre que le fonctionnement de tous les rouages du Service de Santé aux armées était caractérisé par l'anarchie la plus complète ; et le manque de cohésion de ces différents rouages était encore aggravé par les contradictions journalières des circulaires du quartier général ou de la 7ᵉ Direction, qui sont encore deux directions indépendantes.

J'ai cherché les moyens de remédier à ces errements regrettables. La 7ᵉ Direction opposait à tous les projets de réforme la force d'inertie la plus tenace.

Ne pouvant pas me faire entendre, j'ai résumé mes critiques dans une lettre aux membres du Parlement, le 8 janvier 1915.

Le Ministre, pour parer aux reproches qui lui arrivaient de toutes parts, nomma le 8 janvier une Commission consultative extra-parlementaire, comprenant parmi ses membres le Directeur du Service de Santé. En même temps il s'assurait l'appui d'un des rares journaux qui osaient le combattre, *la Guerre Sociale* (1).

Cette Commission ministérielle remit au ministre, le 2 mars 1915 (*Officiel* du 10 mars), un rapport qui est, pour une part, un aveu des fautes commises, aveu d'autant plus significatif que ce rapport a dû être approuvé par le titulaire de la 7ᵉ Direction, membre de cette Commission ; dans la seconde partie, le rapport prévoit une série de demi-mesures qui devaient améliorer les rouages d'alors, en y surajoutant des formations chirurgicales et des sections de voitures d'ambulance automobiles.

Je vais exposer comment les améliorations projetées demeureront inefficaces, si le règlement du Service de Santé, tel que le comprend le Directeur actuel, n'est pas réformé dans son ensemble.

Quels sont les perfectionnements réalisés dans ces derniers mois par le Service de Santé ?

Le Ministre a fait annoncer par les journaux ministériels (*Excelsior*, 21 mai) que les groupes de brancardiers et leurs moyens de transport surannés seraient remplacés par des sections de voitures d'ambulance automobiles.

(1) Le journal « La Guerre sociale » ne devint le défenseur du ministre de la Guerre qu'à partir du 12 janvier 1915, après s'être transféré d'un étroit local du faubourg Saint-Denis dans les confortables bureaux de la rue Montmartre, où l'on fit à la hâte les aménagements nécessaires. M. Millerand devint immédiatement pour M. Hervé (16 et 31 janvier) « un travailleur et un administrateur remarquables », un homme indispensable, et irresponsable des fautes de ses bureaux, dont il va « cesser d'être l'avocat » pour faire preuve enfin de « volonté, de décision et de caractère. » (17 juillet). Voir aussi numéro du 14 juin « Peut-on le dire ? » où M. Hervé annonce qu'il « adresse « personnellement à M. Millerand des indications précises » et, plus bas « qu'on doit faire confiance à M. Millerand », Le 23 juillet la censure ministérielle a laissé passer un article « Propos de permissionnaires », où le conseiller intime de M. Millerand critique — ce qui ne serait toléré d'aucun autre —, l'armement, la tactique et les opérations militaires. Voir aussi l'article du 8 juin « Malaise », accepté par la censure et saisi après mise en vente du journal sur réclamation de l'autorité militaire.

Des formations chirurgicales, comprenant chacune neuf voitures automobiles de vingt chevaux et dont la première avait été inspectée le 27 avril par le ministre de la Guerre, étaient envoyées au front (*le Journal*, 28 avril).

Chacune de ces formations chirurgicales serait placée à côté d'une ambulance, transformée en hôpital de campagne et qui recevrait les opérés.

L'idée de cette formation chirurgicale automobile est attribuée au Dr Gosset et les médecins-inspecteurs Chavasse et Troussaint se sont associés à lui pour partager l'honneur d'une telle innovation (*Illustration*, 22 mai 1915, dernière page).

Or, le simple respect des dates m'oblige à constater que cette formation Gosset-Troussaint n'est que le démarquage de la formation chirurgicale des Drs Marcille et Hallopeau (1), tous deux chirurgiens des hôpitaux de Paris, comme le Dr Gosset qui, en la circonstance, n'a pas été juste à l'égard de ses collègues.

Le 6 juin, un autre journal très ministériel, *le Matin*, déclarait dans un article non signé, que « la Science médicale était armée pour réparer les désastres de la guerre et qu'elle avait profité d'expériences nouvelles ».

Cet article, très adroitement rédigé pour la défense de la 7e Direction, fait table rase de toutes les fautes commises et décrit, comme étant de pratique courante, non pas ce qui s'est fait, mais ce qu'on aurait dû faire.

« La chirurgie de l'avant, écrit *le Matin*, se réduit aux opérations indispensables......, elle se « borne le plus souvent à arrêter les hémorragies, à désinfecter et à panser les plaies, bref à « rendre possible, dans les meilleures conditions, l'évacuation des blessés vers l'arrière.

« C'est là une besogne courante pour laquelle les médecins les moins spécialisés dans la « chirurgie étaient préparés. Pas un seul d'entre eux à qui l'expérience de l'hôpital et de la « clientèle n'ait donné, en cette matière, toute la compétence nécessaire. Il n'est pas interdit, « toutefois, de dire qu'ils ont, par l'usage, perfectionné leur habileté professionnelle et leur tour « de main. »

Il serait impossible de se moquer du public avec plus de désinvolture. Alors que tout le monde sait en France que le Service de Santé avait interdit les interventions à l'avant, que plus de 300.000 blessés ont été évacués au loin, par ordre, après un pansement sommaire et malpropre, dans des conditions inavouables, que ces malheureux sont morts par milliers pendant le trajet, que d'autres, par milliers, sont morts d'accidents infectieux, que d'autres enfin, plus nombreux encore ont été amputés ou bien sont devenus infirmes, faute de soins immédiats ou éclairés, le correspondant anonyme d'un journal ministériel affirme que tout s'était passé pour le mieux dans le meilleur des Services de Santé.

Le même article vante les services spéciaux qui ont été organisés dans les hôpitaux de l'arrière, et pour lesquels, après onze mois et demi de guerre, il y a encore tant à redire. Ce qu'il ne dit pas, c'est que la 7e Direction n'a commencé à organiser ces services que dans les premiers mois de l'année 1915, et qu'elle l'a fait contrainte et forcée par des réclamations innombrables, sans qu'on puisse lui accorder le mérite de la moindre initiative.

(1) *Presse Médicale*, n° 6, 11 février 1915. La première formation chirurgicale Marcille-Hallopeau a été envoyée au front le 9 novembre 1914.

Il est incontestable que, dans la zone des armées, l'adjonction d'un certain nombre de sections de voitures d'ambulance automobiles a amélioré le transport des blessés, mais il faut ajouter que le nombre des blessés a été très heureusement moins considérable depuis six mois qu'en 1914.

Ces sections de voitures d'ambulance automobiles, qui ont été offertes pour la plupart par de généreux donateurs, n'ont cependant pas rendu tous les services qu'on pouvait en attendre, parce que leur répartition n'a pas été faite conformément aux stricts besoins des armées.

Elles existent en abondance en certains points où la guerre de siège reste stationnaire, tandis que d'autres armées, où l'offensive est presque journalière, en sont à peu près dépourvues.

Les formations chirurgicales automobiles, qui ont été organisées d'abord en dehors du Service de Santé et par l'initiative privée, sont aujourd'hui au nombre de huit.

Ces formations ne rendent pas les services qu'on serait en droit d'en attendre parce que la Direction du Service de Santé ne les utilise pas conformément aux exigences de la pratique chirurgicale : en effet, le Service de Santé annexe ces formations chirurgicales mobiles à des ambulances immobilisées, transformées en hôpitaux, qui reçoivent et traitent les opérés. L'adjonction à certaines sections d'hospitalisation d'une formation chirurgicale automobile dépendant, pour la réception des blessés, d'un groupe indépendant de brancardiers ou bien d'une section de voitures d'ambulance automobiles, qui ont chacune leur médecin-chef, est une conception fâcheuse en ce qui concerne l'intérêt des blessés. Il est inadmissible que le chirurgien-chef de la salle d'opération automobile n'ait pas la direction technique absolue de tout ce qui concerne le triage des blessés et leur traitement après l'opération.

J'exposerai plus loin comment il conviendrait de transformer, en les simplifiant, tous les rouages inutiles.

Actuellement, les améliorations apportées deci et delà n'ont pas remédié au désordre antérieur : en effet, au début de la guerre, les formations du Service de Santé aux armées étaient toutes identiques. Petit à petit, des modifications variables ayant été apportées dans la plupart des secteurs, déjà trop compliqués, les différents médecins-chefs de toutes ces formations indépendantes, groupes de brancardiers, sections de voitures d'ambulance automobiles, ambulances et sections d'hospitalisation, formations chirurgicales automobiles, se trouvent juxtaposés sans ligne de conduite précise.

Le rôle des formations chirurgicales n'est même pas défini. Au début de juillet, un médecin-chef d'une de ces ambulances, située non loin de Compiègne, me dit : nous sommes assez bien installés pour ce qui concerne l'antisepsie, mais nous ne savons pas ce que nous devons faire ; on nous ordonnait, il y a un mois, d'évacuer au plus tôt les blessés que nous avions opérés ; depuis quelques jours, un nouveau médecin-inspecteur nous a signifié que nous devions les hospitaliser jusqu'à la guérison et que nous devions faire toutes les opérations qui pouvaient se présenter, telles que la cure radicale de hernie et l'appendicectomie.

C'est, dans tout le Service de Santé de la zone des armées, pour ce qui concerne la chirurgie, l'anarchie la plus complète. Je passe sous silence les hôpitaux de typhiques, de contagieux et toutes les formations médicales dont l'organisation a été et est encore aussi défectueuse, ou peu s'en faut, qu'il y a six mois.

La même anarchie a présidé à l'organisation et au fonctionnement des services hospitaliers du territoire, où des médecins non compétents ont décidé et pratiqué sans contrôle les opérations les plus graves.

« J'ai ordonné, répondra le Ministre, l'utilisation des compétences. » Je reconnais que certaines améliorations ont été faites ; il n'en est pas moins vrai que pour les hôpitaux de l'intérieur, comme pour le Service de Santé de la zone des armées, les directeurs responsables n'ont pris que des demi-mesures insuffisantes.

La 7ᵉ Direction avait une excellente occasion de montrer jusqu'à quel point elle avait mis à profit les enseignements des premiers mois de la guerre actuelle : c'était l'expédition des Dardanelles. Or, l'organisation du Service de Santé aux Dardanelles a été aussi défectueuse qu'au moment de la bataille de la Marne. Même imprévoyance, mêmes incapacités, aggravées par suite de l'éloignement des opérations militaires.

Interrogez les blessés qui arrivent des Dardanelles. Ils vous diront que les médecins les plus dévoués ont été tués auprès des combattants. Beaucoup de blessés ont rejoint le bateau-hôpital par leurs propres moyens et ils se sont embarqués sans contrôle, un matelot inscrivant les noms. Des hommes atteints de blessures insignifiantes ont été conduits à Tunis ou bien à Bizerte, tandis que des blessés incapables de se mouvoir n'étaient pas évacués. Parmi les blessés gravement atteints, un grand nombre sont morts sur les bateaux, pendant le trajet ; d'autres, faute de place à Tunis ou à Bizerte, ont été réexpédiés sur Toulon, de Toulon sur Nice et pendant ce long trajet un certain nombre succombèrent chaque jour.

Qu'importe au ministre de la Guerre ? La censure, si bien dirigée par le président du Conseil, est pour lui, tant que le Parlement ne l'obligera pas à s'expliquer personnellement à la tribune, une sauvegarde suffisante.

Les fautes dont il est responsable dans tous ses services ne doivent pas rester plus longtemps inconnues.

LES DIRECTEURS DU SERVICE DE SANTÉ AU MINISTÈRE DE LA GUERRE ET AUX ARMÉES

Le Ministre peut-il se dérober ?

Ni l'un ni l'autre des deux grands directeurs du Service de Santé n'était préparé par sa carrière antérieure à la fonction qu'il devait remplir en temps de guerre.

Le premier, ancien médecin-chef de l'Ecole de Guerre, chargé du cours d'hygiène et du service de santé en campagne, est un administrateur incapable, dénué non seulement de sens pratique, mais encore des connaissances techniques les plus indispensables ; il est demeuré le prisonnier de ses propres bureaux.

Le second, auteur des « Nouveaux éléments de petite chirurgie », ancien professeur de spécialités au Val-de-Grâce, où il enseignait les maladies des yeux, des oreilles, du nez et du larynx, a prouvé par ses actes son incompétence générale.

Ces deux hommes néfastes n'ont pu rester à leur poste qu'en établissant, grâce à la complicité aveugle du Ministre, une véritable barricade autour du sanctuaire de leurs fautes.

Tous deux sont responsables des souffrances et de la mort d'un nombre considérable de nos soldats, nombre tel que j'hésite à donner un chiffre, même approximatif ; ces malheureux ont succombé soit faute de soins immédiats, soit par suite de l'observance des circulaires malencontreuses et formelles de la 7º Direction, qui a ordonné leur transport à grande distance, après un pansement sommaire, sans leur accorder les secours immédiats qu'exigeait l'humanité la plus stricte, les condamnant par son aveuglement à la suppuration, à la gangrène, à l'infection sous toutes ses formes, au tétanos.

Le Ministre peut-il rejeter la responsabilité de ces désastres sur la 7ᵉ Direction et sur le Directeur du Service de Santé aux armées ? J'affirme que non. Il aurait pu le faire jusqu'en octobre 1914. Dès cette époque, des plaintes justifiées affluaient en tel nombre que le ministre de la Guerre ne peut pas ne pas en avoir recueilli les échos.

Si le Ministre a été momentanément induit en erreur par le Directeur du Service de Santé ou par ses conseillers intimes, il devait faire procéder à une enquête impartiale, qui l'aurait éclairé. Son entêtement à maintenir à la tête de la 7ᵉ Direction un homme présomptueux et incapable, dont le remplacement lui est demandé depuis plus de six mois, engage sa responsabilité personnelle et le rend complice de cet organisateur de la défaite du Service de Santé de notre armée.

Plus de 50 p. 100 des soldats morts après les premières vingt-quatre heures qui suivirent les blessures, plus de 50 p. 100 des amputations et des infirmités consécutives aux plaies de guerre incombent, je l'affirme hautement, à la mauvaise organisation du Service de Santé, et engagent directement la responsabilité du Ministre.

Si nous ajoutons le nombre exagéré des journées de séjour dans les hôpitaux de plusieurs centaines de mille de nos blessés, qui y sont arrivés en pleine suppuration, grâce à l'incurie et aux instructions du Service de Santé, nous commencerons à réunir les premières indications pour évaluer d'abord les souffrances inutiles qu'ont endurées nos blessés, ensuite, le surcroît de dépenses immédiates et ultérieures où l'impéritie de la 7ᵉ Direction aura engagé la France tout entière.

Le titulaire de la 7ᵉ Direction s'est condamné lui-même à deux reprises et sans s'en douter : il s'est condamné, par anticipation, dans la préface pleine de présomption qu'il a écrite pour son opuscule sur la Direction du Service de Santé en campagne (voir plus loin). Il s'est condamné en approuvant, comme membre de la Commission ministérielle consultative, le rapport Reinach, où sont énumérées les principales fautes commises dans le Service de Santé depuis le commencement des hostilités.

LES RESPONSABILITÉS

Le court aperçu des faits regrettables que j'ai signalés et que tous les Français connaissent aujourd'hui plus ou moins me conduit à rechercher les responsabilités.

Des fautes lourdes, entraînant la mort de milliers de soldats, occasionnant à ceux qui ont survécu des mutilations et des infirmités incurables, ont été commises. *Ces fautes lourdes*, dont les médecins civils, s'ils viennent à les commettre dans leur clientèle privée, peuvent avoir à répondre devant les tribunaux en temps de paix (article 319 du Code pénal) (1), la nation doit-elle les tolérer pour les défenseurs de son indépendance ? doit-elle en

(1) Quiconque, par maladresse, imprudence, inattention, négligence ou inobservation des règlements, aura commis involontairement un homicide, ou en aura involontairement été la cause, sera puni d'un emprisonnement de trois mois à deux ans, et d'une amende de cinquante à six cents francs.

supporter les conséquences morales, humanitaires et financières, sans rechercher leurs auteurs et sans sévir contre les coupables ?

Si la Commission du budget veut faire une enquête sur les dépenses du Service de Santé, elle découvrira les mêmes gaspillages et les mêmes incorrections que dans les autres directions du ministère de la Guerre.

On m'a cité par exemple, pour l'Hôpital complémentaire 82 à Avranches, un gaspillage de 40.000 francs que le maire, malgré la résistance justifiée du médecin-chef, aurait fait accepter sous la pression de puissantes influences.

La création des 21 inspecteurs régionaux, qui coûtent l'indemnité d'entrée en campagne de 2.000 francs, un salaire mensuel d'environ 900 francs, plus des frais de déplacement et l'entretien de leurs automobiles, a assuré de bonnes places à des camarades déjà retraités. Alors se succédèrent les créations d'inspecteurs spécialistes, postes réservés à des médecins plus jeunes et surtout bien apparentés ou bien en cour, dont aucun n'avait jamais été sur le front.

Le mécontentement se propage ainsi parmi les médecins de l'armée active et parmi les médecins mobilisés, jusqu'au grade de médecin principal, parce qu'ils constatent chaque jour les effets du favoritisme effréné qui caractérise la méthode du ministre de la Guerre et des directeurs du Service de Santé :

« Sait-on, m'écrivait récemment l'un d'eux, combien nous avons de médecins inspecteurs sur « le front, à la tête des directions de corps d'armée ? 4, 5 au plus, sur 21.

« Soit qu'ils soient inutilisés par suite de maladie, de surmenage, les médecins inspecteurs « défaillants ont été tout bonnement remplacés par des médecins principaux de première classe, « qui ont la fonction, non le grade. »

Deux opinions sont en présence : les uns prétendent que le Ministre actuel et le Directeur du Service de Santé, dont la mauvaise gestion et l'incompétence ont occasionné tant de désastres, sont cependant le mieux qualifiés pour trouver le remède et pour appliquer les réformes nécessaires. Ne connaissent-ils pas mieux que personne les fautes auxquelles il faut remédier ?

De responsabilités ? Point. Qui saurait être responsable d'événements provoqués par des circonstances exceptionnelles, par des cas dits « de force majeure ».

Si l'on sévissait, ajoutent-ils, si le ministre de la Guerre, si les Directeurs du Service de Santé de la rue Saint-Dominique et du Quartier général étaient remplacés, ce serait diminuer la confiance aveugle de nos vaillants soldats envers leurs chefs, ce serait compromettre la victoire !!

Je vais discuter cette opinion ; je montrerai combien de tels arguments sont dangereux pour la France.

Le courage de nos armées faiblirait, prétendent les amis de ces incapables, s'ils savaient la vérité sur le Service de Santé !

Or existe-t-il en ce moment un seul homme, dans les tranchées, qui n'ait pas connu, soit par lui-même, soit par les blessés renvoyés au front après guérison, les faits regrettables que j'ai signalés.

Ne savent-ils pas, puisqu'ils les ont vues, des choses plus navrantes encore et que je ne dirai pas, parce qu'elles se sont passées devant l'ennemi, et que je dois aujourd'hui laisser de côté les fautes du Ministre pour ce qui concerne l'armement et les munitions.

Ces dernières fautes, les membres du Parlement les connaissent, particulièrement les membres des Commissions de l'Armée du Sénat et de la Chambre des Députés, et petit à petit elles transpirent au dehors.

La valeur de nos soldats s'est-elle amoindrie? Bien au contraire. Les défenseurs de la France n'envisagent que la victoire finale et, chaque fois que l'ennemi est revenu plus fort et plus redoutable, l'offensive des nôtres est devenue plus énergique.

Puisqu'*ils savent*, ceux qui font le sacrifice journalier de leur vie, qu'il y a eu des faiblesses inconcevables dans l'Administration et dans les Bureaux de la Guerre, le Parlement leur doit le sacrifice des incapables.

Le Gouvernement a trop abusé de la censure, primitivement adaptée aux besoins de la défense nationale, pour cacher à la France les faiblesses et l'indécision de quelques-uns.

Un mauvais chirurgien opère mal toute sa vie. Un mauvais technicien n'acquerra jamais les connaissances et le sens pratique qui lui manquent.

Plus de 150 généraux ont été relevés de leur commandement. Des mesures analogues doivent être prises dans le Service de Santé. Il faut à la tête de ce service un homme compétent, actif, énergique, capable de vouloir, et doté des pouvoirs indispensables.

La responsabilité de M. Millerand est d'autant plus engagée qu'il avait déjà rempli antérieurement les fonctions de ministre de la Guerre. On dit même qu'au moment du remaniement ministériel du 26 août 1914, cet homme présomptueux a su convaincre le Président de la République que, lui seul, parmi les membres du Parlement, était capable d'assumer une charge aussi lourde.

M. Millerand, ancien ministre de la Guerre, ne devait donc pas ignorer les défectuosités de la plupart des services administratifs de la rue Saint-Dominique, la force d'inertie des Comités techniques et des Commissions consultatives, où viennent échouer les initiatives individuelles les plus énergiques et les plus éclairées.

Ce n'est pas en *plaidant pour ses directeurs*, comme il le fait depuis plusieurs mois, devant les Commissions parlementaires, sans même prendre la peine d'examiner les dossiers adverses, que cet homme trop peu clairvoyant remédiera aux fautes antérieures.

En ce temps où nul n'a plus le droit de faire connaître publiquement sa pensée, même s'il est membre du Parlement, il faut cependant envisager que la nation ne peut pas tolérer plus longtemps, sous des prétextes illusoires, des abus qui se multiplient de mois en mois.

Des voix s'élèvent déjà pour réclamer des comptes du mauvais emploi de nos finances, du gaspillage des vies humaines; et par centaines de mille commencent à se dresser contre les incompétences du Service de Santé les éclopés, les infirmes, les amputés, les parents des soldats morts faute de soins, tous ceux qui ont souffert ou souffrent encore physiquement et moralement.

Le Service de Santé doit être expurgé de tous les incapables, particulièrement de ceux qui ont réussi, dès le début des hostilités, à se faire exhumer du cadre de réserve pour profiter de la solde élevée de la période de guerre.

Le Parlement a le droit de contrôle et ce droit, il doit l'exercer sans limites. Les *incapables* doivent être éliminés; leur *culpabilité* sera démontrée après la guerre.

Pour comprendre les réformes urgentes, il est indispensable d'analyser les causes de l'état de choses actuel.

LE SERVICE DE SANTÉ AVANT LA MOBILISATION

Le Service de Santé en campagne, dont l'organisation n'avait guère été modifiée depuis la guerre de 1870, a été l'objet d'un nouveau règlement le 26 avril 1910. Ce règlement a été élaboré par une Commission technique dont le rapporteur était le titulaire actuel de la 7ᵉ Direction, alors médecin-chef de l'École de guerre.

Or les événements ont prouvé que toute la conception du Service de Santé en temps de guerre, tel que le Directeur actuel l'a proposée comme rapporteur d'une commission ministérielle, en 1910, était purement théorique, et qu'elle ne répondait pas aux exigences de la réalité ?

Le Service de Santé en campagne est réglementé par un opuscule du directeur actuel « La Direction du Service de Santé en campagne », ouvrage couronné par l'Académie des Sciences en 1912 (prix Larrey).

Cet opuscule est en quelque sorte, pour employer une expression chère à son auteur, un traité de *tactique du Service de Santé*. L'auteur s'est décerné à lui-même les appréciations les plus élogieuses : il affirme qu'il a tout prévu et qu'un Directeur du Service de Santé incapable d'avoir prévu à l'avance le fonctionnement de tous ses services serait impardonnable.

Le médecin-inspecteur Troussaint condamné par lui-même.

Il est curieux de citer quelques extraits de cet « avant-propos », réédité dans l'édition de 1915 et dont l'auteur avait probablement oublié les termes exacts :

« La direction du Service de Santé en campagne est exercée par les médecins du cadre actif...
« Elle exige des connaissances militaires spéciales, qui s'acquièrent de longue main par une
« préparation mûrie, soutenue, en collaboration avec le commandement et les états-majors, sans
« laquelle les directeurs seront impuissants à actionner vraiment cet organisme complexe qu'est
« le service de santé des armées actuelles.

« *La direction ne s'improvise pas ; elle ne doit pas compter sur l'inspiration, née des événements,*
« *pour faire face à des exigences pressantes, nombreuses.* On ne fait très bien à la guerre que ce
« que l'on sait bien pour l'avoir bien appris.

. . . .

« On n'improvise pas davantage un directeur qu'un clinicien. Dès le début, *la rapidité des*
« *opérations d'entrée en campagne ne permettra pas de parfaire une instruction incomplète ; le*
« *désarroi causé d'emblée par une direction malhabile ou inexperte se transformerait bien vite en*
« *un désordre absolu paralysant les meilleures volontés et annihilant toute valeur technique.*

« *Compter, d'autre part, sur la durée des opérations pour acquérir l'expérience nécessaire*
« *est une erreur grosse de mécomptes : c'est se condamner d'emblée à être inférieur à sa tâche* (p. 6).

. . . .

« J'ai vu que la Direction du Service de Santé, à tous ses échelons, ne pouvait remplir
« utilement son rôle sans une étroite union avec l'état-major, qui veut qu'elle soit familiarisée

« avec certaines notions d'état-major et de tactique, voire un langage particulier, encore trop
« ignorés des médecins de l'armée (p. 15).

L'auteur confirme, dans les « notes additionnelles » de la 3ᵉ et 4ᵉ édition, 1914 et
1915 (p. 17), comment il a *conçu l'idée de ce livre dans le milieu de l'École de guerre.*

Les erreurs du Médecin-Inspecteur Troussaint.

Analysons rapidement quelques-uns des principaux chapitres de cet opuscule, qui a fait
tout le mal, car il a été le « code » obligatoire du Service de Santé en campagne.

Pour son auteur, tout, dans le Service de Santé en campagne, est tactique et administration, et cet homme, à la fois présomptueux et incompétent, oublie dans sa folie
administrative qu'il faut, pour soigner les blessés de guerre, des *chirurgiens de carrière.*

Égaré par sa conception purement théorique des rouages du Service de Santé, qu'il
cherche à transformer suivant les besoins de la nouvelle tactique de l'état-major, il ignore
que la pratique de la chirurgie exige des connaissances spéciales, que ne donnent ni
l'ancienneté ni le favoritisme et paraît s'imaginer que n'importe quel médecin, qu'il soit du
cadre actif ou du cadre de réserve, se trouve prêt à remplir les fonctions qui lui seront
attribuées. C'est ainsi que la mobilisation et l'affectation des médecins de réserve se sont
faites sans que la 7ᵉ Direction ait tenu compte des compétences.

Dans cette mobilisation incroyable du corps médical, les chirurgiens les plus qualifiés
restèrent inactifs pendant que s'improvisaient opérateurs, par la puissance de leurs galons,
des oculistes, des masseurs, des spécialistes des maladies du nez, des oreilles, de l'estomac
même des pharmaciens, docteurs en médecine et qui n'avaient jamais exercé cette
profession.

Je reviendrai sur l'utilisation des compétences. Étudions d'abord, d'après la conception
grandiose de ce tacticien du Service de Santé, le fonctionnement des différentes
formations.

Ces formations comprennent, dans la zone des armées, les rouages suivants :

LE SERVICE DE SANTÉ DE LA ZONE DES ARMÉES

I. — Zone de l'avant.

1° *Les brancardiers régimentaires* relèvent les blessés incapables de marcher dès qu'ils
le peuvent et ils les transportent au poste de secours où se rendent par leurs propres moyens
les blessés qui peuvent le faire ;

2° *Les groupes indépendants de brancardiers,* divisionnaires ou de corps d'armée,
contribuent dans certains cas au relèvement des blessés, concurremment avec le Service
régimentaire (p. 263) et ils transportent :

a) Les blessés inévacuables aux ambulances qui ont été désignées pour s'immobiliser ;

b) Les blessés évacuables sur la gare d'évacuation ou à la tête d'étapes, d'où ils sont
dirigés sur l'intérieur ;

3° *Des ambulances,* auxquelles sont annexées dans le cas où elles reçoivent l'ordre de
s'immobiliser, des *sections d'hospitalisation*

4° *Des sections sanitaires automobiles* (p. 19);
5° *Des dépôts d'éclopés.*

II. — Zone de l'arrière.

1° *Des hôpitaux de campagne temporaires* (ambulances immobilisées ou permanentes);
2° *Des infirmeries de gare*;
3° *Des infirmeries d'étapes*;
4° *Des dépôts d'éclopés et de convalescents*;
5° *Des hôpitaux d'évacuation* (p. 21), un par corps d'armée, annexés aux gares d'évacuation, où seront retenus les blessés gravement atteints et qui ne peuvent être évacués immédiatement vers les hôpitaux de l'intérieur.
6° *Des trains sanitaires ou des trains d'évacuation improvisés*;
7° *La gare régulatrice* qui dirige les trains de blessés vers la *zone de l'intérieur*, où ils sont distribués par les *gares de répartition* dans les hôpitaux du territoire.

LES LENTEURS DE L'ÉVACUATION DES BLESSÉS

Capacité et rendement des moyens de transport des ambulances tel qu'il a été prévu par le règlement de 1910.

Ambulance divisionnaire :
Sur ses voitures : 24 blessés couchés ou 56 assis. Sur ses mulets : 60 blessés.

Ambulance de corps d'armée :
Sur ses voitures : 60 blessés couchés ou 138 assis. Sur ses mulets : 90 blessés.

Ambulance de brigade de cavalerie :
Sur ses voitures : 18 blessés ou 32 assis.

Chaque ambulance (modèle 1910) comporte une colonne (voiture et personnel à pied) de 100 mètres de longueur (p. 388).

Chaque section d'hospitalisation (type 1910) comporte une colonne de 30 mètres (p. 391).

Chaque groupe divisionnaire de brancardiers comporte une colonne de 280 mètres (p. 394).

Le groupe de brancardiers de corps d'armée comporte une colonne de 450 mètres (p. 395).

Toutes ces formations se déployent et fonctionnent à une vitesse moyenne de moins de 6 kilomètres à l'heure.

Pour l'hôpital de campagne, l'auteur prévoit un matériel de couchage qui n'est pas détaillé dans le paragraphe 3 (Section d'hospitalisation) et ne doit pas y être compris dans les prévisions, la longueur de la colonne n'étant que de 30 mètres.

A la description minutieuse de chaque formation sont annexés des tableaux de la composition des *caisses réglementaires* où nous relevons (p. 450) un matériel considérable d'attelles et de gouttières en tôle (attelles *Raoul Deslongchamps*, démarquées par *Delorme*) et (p. 470) le détail de la caisse qui contient la paperasserie réglementaire, circulaires et imprimés.

Voici le fonctionnement de ces différents rouages :

Le Directeur du Service de Santé de corps d'armée après la bataille.

« Dès la fin de l'action, *le Directeur du Service de Santé de corps d'armée* doit parcourir le
« terrain de la lutte. C'est le moment, pour lui, de *voir* pour *savoir*, afin de proposer ou prendre
« les mesures dictées par la situation et ses constatations personnelles (p. 310).

« Il doit prendre les mesures suivantes :

« 1° Faire connaître le plus tôt possible au commandant du corps d'armée et au médecin
« de l'armée l'étendue des pertes ;

« 2° Faire achever le relèvement des blessés ;

« 3° Fixer le nombre d'ambulances à immobiliser par les médecins divisionnaires ;

« 4° Désigner les sections d'hospitalisation à leur adjoindre ;

« 5° Faire connaître *aux ambulances en action, qui ne s'immobilisent pas*, les formations sur
« lesquelles seront dirigés leurs blessés inévacuables ;

« 6° Faire la répartition des moyens de transport requis ou mis à sa disposition entre les
« divisions ;

« 7° Demander au médecin de l'armée (D.E.S.) le complément de moyens d'évacuation
« nécessaires ;

« 8° Demander au médecin de l'armée le personnel de complément nécessaire ;

« 9° Demander au médecin de l'armée les ambulances et sections d'hospitalisation destinées
« à remplacer celles immobilisées ou employées ;

« 10° Remplacer dans les divisions les ambulances immobilisées par des formations
« semblables restées à sa disposition au T.C. ou au G.P. ;

« 11° Prescrire *la cession de pansements aux ambulances non immobilisées par celles qui restent
« sur place*, dans le cas où le ravitaillement ne pourrait se faire en temps opportun.

Le Médecin divisionnaire.

Pendant la bataille il doit (p. 316).

- « 1° Rester au contact du chef d'état-major de sa division ;

« 2° Disposer, à sa portée, ses ambulances et son groupe divisionnaire de brancardiers
« absolument *défilés et invisibles de l'ennemi* ;

« 3° Faire reconnaître les points d'installation des ambulances ; les porter à la connaissance
« des postes de secours régimentaires ;

« 4° Faire appel au Directeur du Service de Santé pour l'envoi d'ambulances supplémentaires
« en cas d'affluence des blessés ;

« A moins de circonstances exceptionnellement favorables, ne jamais se hâter de prescrire
« l'entrée en action des ambulances, attendre que la situation se dessine nettement. »

Après la bataille il doit, notamment :

« Désigner celles de *ces ambulances qui seront immobilisées* ; leur adjoindre *les sections
d'hospitalisation nécessaires* ;

« Aviser les *autres ambulances de leur envoyer leurs blessés inévacuables.*

« Hâter la libération des ambulances qui ne doivent pas s'immobiliser ;

« Provoquer auprès du Directeur du Service de Santé du corps d'armée le remplacement des
« formations qui restent sur le terrain. »

On conçoit qu'avec de telles imprécisions, le Service de Santé de l'avant, pour ce qui concerne les *blessés*, ne fonctionne pas du tout dans le cas de retraite rapide. C'est pourquoi on ne recevait guère dans les hôpitaux de l'intérieur, avant la bataille de la Marne, que des blessés légèrement atteints et qui avaient accompagné par leurs propres moyens nos troupes en retraite.

Les ambulances étaient pour la plupart inutilisées et celles qui fonctionnaient étaient placées tellement près de l'ennemi qu'elles furent criblées d'obus ou bien tombèrent entre les mains des Allemands. Les ambulances et les groupes de brancardiers qui suivirent la retraite formaient sur les routes de longues files de voitures, de mulets et d'hommes à pied et ces formations se trouvaient rejetées sur les bas côtés, pour laisser passer les troupes, notamment l'artillerie, qu'il importait de déplacer rapidement.

Le médecin-chef d'ambulance.

« Le médecin-chef d'ambulance, au reçu d'un ordre de déplacement ou d'entrée en action,
« doit immédiatement faire reconnaître le terrain, les voies d'accès, les cheminements, les
« défilements qui permettent d'aborder le point désigné ou choisi pour son *emplacement nouveau*
« *ou son installation, qui doivent être bien défilés des vues et des coups de l'artillerie et auxquels* il
« lui faut parvenir *sans laisser soupçonner sa présence.* Cette précaution est de *rigueur élémentaire*
« lorsque l'ambulance, au cours de l'action, doit *traverser une zone dangereuse* pour atteindre une
« position abritée (p. 334). »

. . . .

« Si *l'ambulance s'installe pendant le combat,* le médecin-chef s'inspire des prescriptions
« réglementaires et des conditions locales pour organiser son service : choix et aménagement des
« locaux; reconnaissance des alentours; voies d'accès et de dégagements faciles; *eau, feuillées,* etc.

« En cas de retraite, le médecin divisionnaire lui fait connaître le point sur lequel doivent
« être dirigés le personnel et le matériel sauvés.

« Le médecin-chef, dans cette dernière hypothèse, et à défaut d'ordres, prend l'initiative des
« mesures suivantes :

« Évacuation hâtive, avec tous les moyens dont il pourra disposer, du plus grand nombre
« possible de blessés, en commençant par les moins gravement atteints;

« Laisser auprès des autres le personnel et le matériel réduits au minimum indispensable;

« Rendre compte de la direction prise par la formation;

« Incinération et destruction de tous les documents militaires capables d'éclairer l'ennemi,
« dans le cas où la formation tout entière resterait entre ses mains. »

. . . .

La lecture de ces instructions confirme l'erreur habituelle du Service de Santé, de placer les ambulances tellement près de la ligne de feu que leur personnel et les blessés sont souvent en danger et qu'il leur faut ou bien s'enfuir en toute hâte ou bien tomber entre les mains de l'ennemi.

Le médecin-chef du groupe de brancardiers.

« En principe, le rôle du groupe des brancardiers ne débutera qu'après la bataille, à moins
« de mouvement de retraite qui obligera le médecin-chef à défaut d'ordres, à contribuer à
« l'évacuation rapide des ambulances menacées d'être enlevées par l'ennemi (p. 338).

. . . .

« Éclairé par son directeur ou médecin divisionnaire sur la répartition approximative des
« blessés, des postes de secours et des ambulances, son premier soin sera de parcourir autant que
« possible, lui-même, le terrain avec les médecins et officiers d'administration pour repérer les
« principales zones de chute des blessés, se rendre compte des accidents topographiques des
« conditions particulières qu'ils imposent à l'emploi des divers moyens de transport de blessés,
« pendant que la formation amenée à pied d'œuvre se prépare, sous le commandement des gradés,
« à entrer en fonction par le montage des brouettes porte-brancards et des brancards, la
« constitution du dépôt des voitures et la *distribution aux brancardiers d'une boisson réconfortante.*

. . . .

« Il donne ses ordres pour que les brancardiers trouvent, une fois les opérations terminées
« lorsque la formation se reconstitue, *un repas chaud,* facile à préparer grâce à la cuisine roulante.
« Le travail particulièrement dur des brancardiers exige impérieusement, de la part du médecin-
« chef, la surveillance de leur alimentation. »

. . . .

Après ces instructions pour le ravitaillement où l'auteur *n'oublie que* « *les blessés* » il
termine en indiquant, dans sa conception géniale de sa tactique des secours aux blessés, un
nouvel emploi des *pilotes-aviateurs* :

. . . .

« Les *progrès de l'aviation permettent* aujourd'hui, à la fin de l'action, l'exploration du champ
« de bataille pour préciser les emplacements des postes de secours, des refuges et des grou-
« pements de blessés.
« Les renseignements très précis que fournit l'aviateur orientent d'emblée les recherches et
« suppriment cette période prémonitoire, si longue et si pénible pour les brancardiers, de l'explo-
« ration des diverses zones de l'action (p. 340). »

. . . .

Voici une nouvelle ordonnance pour le service d'aviation : *après la reconnaissance et
le repérage de l'armée ennemie et de son artillerie, la reconnaissance et le repérage des
blessés.* Nous attendons du médecin inspecteur Troussaint la nomination des *médecins
chefs des avions sanitaires.*
On ne saurait être plus moderne, et l'on conçoit qu'à la première lecture de cet opuscule
aussi prétentieux qu'indigeste, la Commission de l'Académie des Sciences lui ait décerné une
de ses plus hautes récompenses.

Le médecin-chef du corps de troupes.

« Le poste de secours ne doit pas être installé prématurément... « Il sera *défilé aux
coups de l'infanterie* et autant que possible de *l'artillerie ennemie* (p. 353).

Après le combat « le médecin-chef devra organiser méthodiquement « le relèvement des
« blessés à l'aide des équipes de brancardiers et de musiciens, ceux-ci sous la conduite de leur
« chef et sous-chef ». Pour ce faire il constituera des groupes d'équipes sous le commandement
« des médecins auxiliaires, *du chef et du sous-chef de musique,* du sergent brancardier ; il assignera
« à chaque groupe la zone de terrain qu'il doit battre et dirigera *cette battue* suivant la topo-
« graphie du terrain (p. 355).

« Documenté par le médecin divisionnaire sur les emplacements des ambulances, il les indi-
« quera aux chefs de groupes, de façon à pouvoir y faire transporter directement les blessés, sans
« passer par le poste de secours. »

. . . .

Reconnaissance du terrain, utilisation des aviateurs, organisation d'une battue sous le
commandement du chef de musique, dont le grade est supérieur à celui des médecins auxiliaires, tel est, d'après le Code Troussaint, le rôle du médecin-chef d'un régiment.

Ces citations étaient indispensables pour montrer comment toutes les fautes qui ont été
signalées ont été commises par *ordre* et par *obéissance* à cet *évangile* du Service de Santé en
campagne. Ce qui frappe à l'analyse de ces instructions, c'est l'incertitude où se trouvent
les médecins-chefs de chacune des formations de l'avant. L'ambulance 6 sera-t-elle active
ou bien inutilisée? Si elle fonctionne, sera-t-elle immobilisée et, dans ce cas, où trou-
vera-t-elle le matériel d'hospitalisation nécessaire? Où doivent se rendre les groupes de
brancardiers indépendants? A quelles ambulances vont-ils conduire les blessés gravement
atteints et quel est l'emplacement de ces ambulances, que les instructions ordonnent de
défiler des vues et des coups de l'artillerie ennemie.

C'est ce « *langage particulier d'état-major, encore trop ignoré des médecins de l'armée* »
(p. 15), dont l'auteur se plaît à enrichir son texte, certain de l'approbation des grands chefs
qu'il a fréquentés comme médecin-chef et professeur à l'École de guerre.

Ainsi, chacune de ces formations séparées et indépendantes a son médecin-chef. Nulle
ne sait, au moment de la bataille, quels seront son emplacement et son rôle exact. Les unes
restent inutilisées; les autres perdent contact entre elles. Un jour 150 blessés, à Ville-en-
Tardenois, se trouvèrent voisins de l'ambulance Y, qui refusa de les recevoir parce que le
médecin-chef avait des ordres formels. Cette ambulance resta vide et l'on expédia ces
blessés, dans de mauvaises voitures, à l'ambulance N, désignée pour les recevoir mais qui
se trouvait à Fismes, c'est-à-dire à une distance de 20 kilomètres environ.

A Berry-au-Bac, par une nuit obscure, le planton de garde, voyant arriver un blessé
qui se traînait avec peine l'interroge: « De quelle division es-tu? » — « De la division N » —
« Alors f... le camp, ton ambulance est par là, à 2 kilomètres » et il montre de la main la
direction. Le fait d'être blessé ne suffisait pas à cette époque pour donner le droit d'être
soigné, et les médecins qui, par humanité, osaient contrevenir aux ordres reçus pour la
répartition des blessés dans les ambulances s'exposaient aux peines disciplinaires les plus
rigoureuses.

Près de Reims, à Taissy, même incident: impossibilité de recevoir et de traiter les soldats
blessés, qui étaient des soldats d'infanterie, parce que l'ambulance la plus voisine était
réservée aux coloniaux.

Ailleurs, c'est la fantaisie du médecin-chef de l'ambulance qui faisait loi : à Ville-sur-
Tourbe, un chirurgien agrégé de l'armée, désireux de faire une statistique importante d'opérations sur le crâne, a refusé de recevoir et de traiter dans son ambulance, transformée en
formation chirurgicale, d'autres blessés que ceux atteints de la tête et qu'il pouvait trépaner.

Dans la zone de l'arrière, les contagieux sont restés presque partout en contact avec les
blessés. Certains hôpitaux traitent des blessés au rez-de-chaussée, des typhiques aux étages,
sans les précautions les plus élémentaires d'isolement et de prophylaxie.

A Châlons, vers le 25 janvier, on a fait coucher à l'hôpital Corbineau des officiers blessés dans les lits vides d'une salle remplie de typhiques.

A Doullens, en décembre, 1.200 typhiques étaient entassés dans les locaux inhabités de l'ancienne citadelle où il y avait en tout deux thermomètres et tout au plus l'eau nécessaire au lavage des bassins.

L'organisation du Service de Santé aux armées pèche par sa base. La responsabilité entière du désarroi incombe à l'incompétence des membres de la Commission technique qui a élaboré le nouveau règlement et en première ligne au rapporteur de cette Commission : le directeur actuel du Service de Santé.

LES INSTRUCTIONS TECHNIQUES AUX CHIRURGIENS

Je vais démontrer que les instructions techniques données aux chirurgiens ont été aussi malencontreuses que l'organisation du Service de Santé dans la zone des armées.

Le titulaire de la 7ᵉ Direction a laissé au médecin-inspecteur Delorme, du cadre de réserve, rappelé en activité, le soin de prescrire aux chirurgiens mobilisés le rôle qu'ils devraient remplir auprès des blessés militaires.

Le médecin-inspecteur Delorme, jadis modeste et travailleur, est devenu pédant et prétentieux à mesure que ses collègues les chirurgiens civils lui ont accordé des marques de sympathie et des honneurs. Delorme est entré à la Société de Chirurgie, puis à l'Académie de Médecine parce que ces sociétés civiles accordent certains de leurs sièges à des médecins ou chirurgiens militaires, comme l'Académie française réserve certains sièges à un marquis ou bien à un évêque. Ses collègues l'avaient félicité, par courtoisie, de quelques communications d'ailleurs très banales ; il a conquis leurs suffrages par sa bonhomie apparente, par son assiduité aux conversations d'antichambre, et il a été élu.

Le Congrès français de Chirurgie, qui nomme comme président, alternativement, un chirurgien de Paris et un chirurgien de province désigne aussi, de temps à autre, un chirurgien étranger, ou bien un militaire de carrière. Élu dans ces conditions, par la courtoisie de ses collègues les chirurgiens de toute la France, président du congrès annuel, Delorme s'est imaginé qu'il était devenu une des lumières de la chirurgie mondiale et que lui seul pouvait décider en matière de chirurgie de guerre.

Le proverbe « fabricando fit faber » ne fut pas mis en échec. Delorme, chirurgien incompétent, grand officier de la Légion d'honneur, candidat à l'Académie des Sciences, propagea, grâce à son outrecuidance, les erreurs les plus néfastes à nos blessés et il les propagea, je l'ai déjà signalé, non seulement par l'autorité de son grade et de ses titres honorifiques, mais ce qui est plus regrettable par suite de l'intervention inopportune de l'honorable Société dont il ambitionne les suffrages. Cet homme très galonné et très affirmatif sut, en effet, convaincre des naturalistes, des physiciens, des chimistes, des mathématiciens et des astronomes, nos plus grands savants, que la *chirurgie de guerre* était très différente de la *chirurgie en temps de paix*, que lui seul pouvait en formuler les règles et qu'il allait être la providence des blessés de guerre.

C'est cette fameuse lecture de Delorme à l'Académie des Sciences, le 10 août 1914, au début de la guerre, qui a désorienté les chirurgiens. Cette note, transformée par le vote imprudent de l'Académie des Sciences en circulaire officielle, a propagé parmi les médecins aux armées l'erreur grossière que la plupart des plaies de guerre étaient aseptiques, et qu'il ne fallait pas les explorer, de peur de les infecter. C'est cette conception théorique et erronée de Delorme, érigée en dogme de foi sous le couvert de l'Académie des Sciences, qui a été le point de départ de presque tous les désastres causés par l'infection des plaies.

L'assurance donnée par Delorme, que les plaies de guerre étaient le plus souvent aseptiques, a été l'origine des circulaires prescrivant aux médecins du front l'abstention à outrance; c'est pour les mêmes raisons que la 7ᵉ Direction a ordonné le transport de tous les blessés, même gravement atteints, loin de la zone des armées, vers les hôpitaux de l'intérieur, où ils n'arrivaient souvent qu'au bout de quatre ou cinq jours.

Les médecins des gares régulatrices furent bientôt effrayés par le nombre des cas d'infection aiguë, de gangrène gazeuse et de phlegmons que la plupart des médecins pansaient à plat parce qu'ils avaient reçu l'ordre formel de ne pas intervenir.

Le 28 septembre, le médecin-inspecteur Delorme, effrayé de la responsabilité qu'il avait assumée par suite de son ignorance des préceptes les plus simples de la chirurgie générale, chercha à réparer sa faute première, en faisant, devant la même Académie des Sciences, une autre lecture, où il chercha à expliquer comment les circonstances imposaient une technique diamétralement opposée à celle qu'il avait primitivement formulée.

On verra que l'incompétence chirurgicale du médecin-inspecteur Delorme a été confirmée par les fautes grossières qu'il a commises ultérieurement dans les hôpitaux de l'intérieur, notamment pour la chirurgie des lésions nerveuses (voir plus loin).

Voici les principaux extraits des deux lectures contradictoires de Delorme à l'Académie des Sciences le 10 août et le 28 septembre. Je citerai ensuite les instructions données dans des conférences faites, par ordre du Service de Santé, aux médecins mobilisés par leurs chefs du cadre actif.

Communications du Médecin-Inspecteur Delorme à l'Académie des Sciences.

Le 10 Août 1914.	Le 28 Septembre 1914.

« Au moment où *la Chirurgie va étendre son action bienfaisante sur des blessés* présentant « des traumatismes que l'emploi de projectiles « nouveaux a modifiés, il m'a paru utile... d'indiquer les résultats qu'on doit attendre de « leur application...

... « L'étroitesse des plaies par les balles « actuelles, l'abstention du cathétérisme de « ces plaies et de la recherche systématique « des corps étrangers, enfin, les pratiques de « l'antisepsie et de l'asepsie ont eu pour conséquences de transformer le pronostic du plus « grand nombre des blessures de guerre, d'en « écarter les complications, de réduire les « pertes, d'améliorer les résultats...

... « *Les pratiques de la chirurgie de guerre,* « *dans les lignes de l'avant, diffèrent de celles* « *de la chirurgie commune,* parce qu'elles sont

Après un préambule de circonstance, où il affirme « la haute sollicitude du Gouvernement, « la prévoyance du Commandement à tous les « degrés, prévoyance paternelle qu'on ne retrouverait aussi intensive et aussi vigilante dans « aucune autre campagne, l'organisation, le « fonctionnement régulier, méthodique et actif « du Service de Santé de l'armée, l'auteur « s'exprime ainsi :

... « *La tactique actuelle*, qui fixe sur le « champ de bataille les combattants pendant « plusieurs jours, sous une grêle de projectiles... le séjour forcé des blessés sur le lieu « même où ils ont été frappés, rendent souvent « fort difficiles... les secours de première ligne. « Il en résulte que nombre de ces blessés arrivent déjà, de ce fait, à l'arrière, tardivement « pansés, souvent suppurants...

COMMUNICATION DU 10 AOUT (*Suite*).

« commandées par des conditions de milieu,
« de circonstances et de fonctionnement chirur-
« gical.

« *Dans les hôpitaux de l'arrière, par contre,*
« *elles tendent à se confondre avec celles de la*
« *chirurgie journalière...*

... Les plaies des parties molles produites
« par la balle allemande sont, en général, très
« étroites quand cette balle a atteint les parties
« du corps de plein fouet... Ces plaies gué-
« rissent en quelques jours ou quelques se-
« maines. Leur pansement est élémentaire...

... « Quand la balle a basculé ou ricoché,
« quand la plaie a été produite par la balle
« ronde des shrapnells, elle fait des plaies plus
« larges, plus ouvertes, compliquées souvent de
« corps étrangers vestimentaires.

« *Ces plaies ne sont pas graves,* mais elles
« ont des tendances à suppurer ; le blessé est à
« surveiller au cours de ses transports, surtout
« pendant les dix premiers jours. Les trans-
« ports doivent donc être peu prolongés.

« *La cicatrisation est un peu plus lente que*
« *celle de la première catégorie de blessures.*

« La conservation doit être la règle du trai-
« tement des fractures par balles...

« La conservation comporte primitivement le
« maintien à la fois des esquilles adhérentes et
« des esquilles libres.

« Il faut s'abstenir de la recherche primitive
« des corps étrangers métalliques, pratique
« inutile.

...« En principe, dans les blessures abdo-
« mino-intestinales, la laparotomie immédiate
« est à rejeter... elle a fourni bien moins de
« guérisons que l'abstention opératoire...

« Quand l'infection péritonéale est certaine,
« l'incision sus-pubienne de Murphy est indi-
« quée.

« La technique de Murphy ouvre à nos chi-
« rurgiens une voie nouvelle, dans laquelle ils
« doivent résolument s'engager. Ce n'est plus
« l'opération compliquée qu'est la laparotomie

COMMUNICATION DU 28 SEPTEMBRE (*Suite*).

... « *Cette nécessité impose au Service de Santé*
« *de changer ses tactiques ; il n'a plus à compter*
« *sur une asepsie qui, dans ses prévisions, l'au-*
« *torisait à évacuer au loin ses blessés.* L'asep-
« sie n'a que faire sur des plaies infectées. L'an-
« tisepsie elle-même n'est pas tout. Il y a
« d'autres interventions à accomplir.

« Avec la suppuration, notre thérapeutique
« chirurgicale doit changer d'aspect, de moyens
« et d'action.

« Si, pour les blessés atteints de balles tirées
« de plein fouet, dont les plaies en général ne
« sont pas infectées, on peut songer au trans-
« port à distance, tout en tenant compte des
« catégories intransportables... il ne peut en
« être de même pour les blessés frappés par les
« engins de l'artillerie...

« Il est des combats qui ne sont presque que
« des combats d'artillerie. Les balles des shrap-
« nells, les éclats d'obus sont, le plus souvent,
« souillés de terre ; ils entraînent dans les
« plaies des fragments de vêtements...

« *Les plus graves complications, le phlegmon*
« *diffus, la gangrène gazeuse, le tétanos, sont*
« *menaçantes et ces menaces ne peuvent dispa-*
« *raître que quand la plaie aura été débarrassée*
« *des corps étrangers, quand elle aura été sté-*
« *rilisée...*

« Pour être efficace, la défense doit être
« assurée très rapidement. Elle ne peut se réa-
« liser sur des blessés transportés au loin...

...« *Pour les balles de shrapnells et des éclats*
« *d'obus, la règle est la recherche et l'extraction*
« *immédiate des projectiles...*

« Ce ne sera que quand les pansements et
« les interventions indispensables seront ter-
« minés que l'évacuation pourra se faire à dis-
« tance...

« *On avait jusqu'ici des raisons de reporter*
« *à l'arrière la chirurgie active ; les circons-*
« *tances forcent à la concentrer en partie réso-*
« *lument vers l'avant.*

« A situation nouvelle, dispositifs nouveaux...

<table>
<tr><td>

Communication du 10 Aout (*Suite*).

« classique. C'est au contraire un acte très
« simple, d'exécution très rapide, à la portée
« de tous les chirurgiens (1).

« Telle est, esquissée à grands traits, la pra-
« tique actuelle de la chirurgie de guerre. »

(*Presse Médicale*, 12 août 1914.)

</td><td>

Communication du 28 Septembre (*Suite*).

« La désinfection très·rapide des blessures
« produites par les projectiles d'artillerie,
« l'extraction des corps étrangers qu'ils laissent
« dans les plaies est nécessité impérieuse; ces
« opérations doivent être hâtives...

...« La chirurgie conservatrice est devenue
« une règle qui a été maintenue pour ainsi dire
« sans exception. Partout où je passe, au cours
« de mes missions, je ne trouve comme amputés
« que des blessés dont les traumatismes ont été
« compliqués de gangrène. C'est un grand ser-
« vice rendu au pays. »

... L'auteur continue par des considérations
où nous ne le suivrons pas sur la prophylaxie
et sur le traitement de la gangrène gazeuse et du
tétanos. Il prescrit les injections préventives de
sérum antitétanique.

« Quand le tétanos est déclaré, le mal paraît,
« à la plupart, sans remède dans les formes
« aiguës et suraiguës... Le chapitre de la thé-
« rapeutique du tétanos déclaré, et aigu, reste
« toujours ouvert. Celui qui le clôturera aura
bien mérité du pays... car le tétanos déclaré est
aujourd'hui une calamité. »

(*Presse Médicale*, 22 octobre 1914.)

</td></tr>
</table>

---

(1) J'ai appris que cette opération, tentée près du front,
n'a donné que des désastres.

Il eût été impossible de formuler des instructions plus contradictoires que celles de
ces deux notes à l'Académie des Sciences. Malheureusement, comme je l'ai déjà signalé,
tandis que la communication du 10 août a reçu une très grande publicité sous le patronage
de l'Institut, la note du 28 septembre est demeurée à peu près sans écho. Les médecins
militaires ont ainsi continué à considérer que « les plaies larges, ouvertes, compliquées
« souvent de corps étrangers vestimentaires ne sont pas graves; qu'elles ont des tendances à
« suppurer..... et que leur cicatrisation est seulement un peu plus lente que celle des bles-
« sures étroites par balles coniques » (voir p. 25).

L'auteur de la communication du 10 août avait donc assumé une responsabilité dont il
ne paraît pas avoir eu conscience, lorsque le 28 septembre, *il a cherché à expliquer son
revirement par les circonstances de la tactique actuelle.*

Voici, d'après la note d'un chirurgien de carrière, les prescriptions qui ont été faites,
sur l'ordre du Service de Santé, par des médecins militaires haut gradés, aux médecins et
chirurgiens des ambulances divisionnaires et des autres formations.

« 1° Les guerres russo-japonaise et balkanique ont démontré que les balles modernes faisaient
« des blessures très petites et qu'elles étaient aseptiques » (Delorme-Matignon-Folenfant).

« 2° On a vu des blessés graves guérir sans intervention, tandis que les opérations donnaient
« un pourcentage déplorable. On a donc établi pour la chirurgie de guerre des règles que chaque
« médecin est tenu de suivre :

« A. Ne jamais toucher à une plaie quand elle a été pansée, à moins que ce pansement ne
« soit trop souillé ou ne tienne pas bien. S'il n'est que sanguinolent, il faut remettre par-dessus
« un autre pansement.

« B. Quand la plaie n'a pas encore été pansée, se contenter de toucher les bords avec de la
« teinture d'iode et recouvrir avec un pansement sec.

« C. Il ne faut enlever aucun projectile, aucune esquille, aucun corps étranger, même au
« bord de la plaie. Se contenter de recouvrir avec un pansement.

« D. Pour les fractures compliquées, agir comme ci-dessus et immobiliser le membre par une
« gouttière.

« E. Plaies de poitrine et de ventre. Agir comme ci-dessus et serrer le pansement, faire une
« injection de morphine et ne rien donner au blessé. Prescrire l'immobilité la plus complète.

« *Conclusions*. — Faire des pansements aussi rares que possible, de peur d'infecter la plaie,
« par elle-même aseptique. Défense absolue de toucher avec les doigts, même bien lavés ou
« gantés, défense de faire un lavage, de mettre des drains ou des mèches. »

On eût dit que le Service de Santé, lorsqu'il a formulé ses instructions, venait de faire une gageure pour défier à la fois les microbes de la suppuration, de la gangrène gazeuse et du tétanos.

La plupart des chirurgiens mobilisés, qui se trouvaient au front, ont reconnu immédiatement les erreurs grossières du médecin-inspecteur Delorme. Mais les instructions formelles, signées de leur auteur, leur avaient été remises, leur interdisant d'intervenir chirurgicalement. Un de ces chirurgiens (*Revue moderne de Médecine et de Chirurgie*, n° 1, p. 31 et 32) se demandait à quoi pouvait servir, puisqu'on ne devait pas opérer, l'arsenal chirurgical des ambulances. « Il m'a paru, ajoute-t-il, que bien souvent, une intervention d'urgence aurait été très utile ; j'ai eu, à diverses reprises, la sensation très nette qu'une opération habilement pratiquée aurait sauvé un blessé à qui on était obligé d'imposer un long voyage, qui le faisait mourir ».   Dr C. S.

Une phrase du professeur Hartmann (*Médecine Internationale*, n° 1, février 1911, p. 8) résume l'opinion de tous les chirurgiens sur la circulaire Delorme du 10 août : « *Le traitement, dans l'immense majorité des plaies de guerre, doit être exactement l'inverse de celui conseillé par M. Delorme.* »

L'interdiction de toucher aux plaies était encore imposée, à la fin d'octobre, aux chirurgiens des hôpitaux de l'intérieur, par le médecin-inspecteur Martin, dans la troisième et la dixième région. Cet homme éclairé interdisait d'explorer les trajets et d'extraire les corps étrangers; il défendait l'emploi du tamponnement, des mèches antiseptiques et des drains, enfin il imposait, comme étant seul efficace, le pansement sec, obturant les orifices des plaies.

Parmi d'autres circulaires typiques et consacrant l'incompétence des grands chefs de de notre Service de Santé, je dois citer la circulaire et les instructions du médecin-inspecteur Chavasse, parue le 15 décembre dernier dans le *Bulletin de la Société de Chirurgie*.

CIRCULAIRE DU 13 NOVEMBRE 1914 SUR L'ÉVACUATION DES BLESSÉS.

La circulaire du 13 novembre, concernânt l'évacuation des blessés, est aussi extraordinaire que la note technique du 10 août précédent, bien que n'émanant pas du même
auteur.

Cette circulaire indique une certaine préoccupation du Service de Santé de réformer
les errements antérieurs concernant le manque de soins immédiats et l'expédition des
blessés graves à une trop grande distance. Mais elle reste singulièrement imprécise.

L'auteur réunit dans le premier paragraphe, concernant les blessés inévacuables, des
cas non comparables :

1° Les blessés gravement atteints, *qui arrivent directement du front* ;

2° Les blessés atteints de tétanos, d'inflammation grave, de gangrène commençante et
ceux venant de subir des opérations graves, *qui tous ont déjà séjourné un ou plusieurs
jours dans une ambulance* ou dans un hôpital situé à quelque distance de la ligne de feu.

Il continue : « Les blessés inévacuables seront conservés, soit dans des ambulances désignées
pour s'immobiliser près du front, soit dans des établissements hospitaliers situés à faible
distance, tout transport prolongé leur étant préjudiciable.

« On semble avoir parfois perdu de vue que les ambulances actuelles, doublées suivant les
cas de sections d'hospitalisation, ont été constituées en vue d'une immobilisation plus ou
moins prolongée en arrière des fronts de combat lorsque les Directeurs du Service de Santé
le jugent nécessaire. On a été amené, de ce fait, à imposer à ces blessés très graves des
transports à des distances trop éloignées.

« *Une ambulance ainsi immobilisée ne doit mettre aucune hâte à se libérer, si elle est sur le
point de tomber aux mains de l'ennemi*; il suffira d'y laisser un personnel et du matériel en
rapport avec le nombre des blessés restants ; il en est de même pour les hôpitaux voisins du
front de combat. »

(*Bulletin de la Société de Chirurgie*, 15 décembre 1914.)

Cette circulaire, de même que la note du 28 septembre, était la condamnation de tout
qui s'était fait depuis le début de la guerre; mais elle n'indiquait ni les améliorations
urgentes à apporter au traitement de nos blessés, ni les moyens d'éviter l'abandon à
l'ennemi des formations de l'avant, avec leurs blessés, leurs infirmiers, leurs médecins et
leur matériel.

Un aveu de la mauvaise organisation des ambulances de l'avant.

Dans une note annexe (*idem*, page 1306), le même médecin-inspecteur Chavasse
s'exprime ainsi :

« L'instruction technique du 13 novembre a prescrit que les blessés inévacuables seront
conservés non loin du front... tout transport prolongé leur étant préjudiciable. *Leur évacuation
au loin est donc interdite, mais il ne s'en suit pas qu'on soit autorisé à les conserver à tout prix
sur place, couchés sur la paille, et sans être déshabillés.* Quelqu'intérêt qu'il y ait à n'imposer aux
blessés atteints de plaies pénétrantes de l'abdomen, de la poitrine et du crâne, que le moindre

« déplacement possible, il y a un avantage plus grand à leur procurer des conditions d'hospit
« lisation et de traitement qui aideront grandement à leur guérison, c'est-à-dire des lits pourv
« de draps et de couvertures... et des locaux convenables, propres et bien chauffés. L'expérien
« de la guerre actuelle a montré que ces blessés graves supportent généralement sans grand inco
« vénient un transport sur les brancards des voitures des sections sanitaires automobiles, pouva
« aller jusqu'à une distance d'une vingtaine de kilomètres... Mais il importe au plus haut poi
« que ces blessés soient transportés sans délai vers leur destination. »

On ne peut pas enregistrer *un aveu plus complet des conditions déplorables* dans lesquell
ont été soignés un grand nombre de nos blessés. La plupart des ambulances où l'on a tra
de grands blessés se trouvaient immobilisées tellement près de la ligne de feu, qu'on a
évacuer à la hâte des blessés opérés quelques heures auparavant d'amputation ou
laparotomie. Il est vrai que cette évacuation dans des conditions fâcheuses était peut-é
préférable à leur abandon entre les mains d'un ennemi trop souvent cruel et sans pit
comme le recommande la note du 13 novembre.

Les meurtres de blessés, d'infirmiers et de médecins que nous avons à déplor
n'auraient pas eu lieu si les formations, que l'on a immobilisées trop près du front avaie
été munies de moyens de transport rapides pour les blessés, ce qui aurait permis de
placer à une distance suffisante de la ligne de feu pour qu'elles puissent fonctionner
sécurité.

CIRCULAIRE DU 7 JANVIER.

Au moment où je terminais ma lettre aux membres du parlement, parut dans «
Journal » le 8 janvier, une circulaire officielle du 7 janvier, émanant du même médec
inspecteur Chavasse, et intitulée : « *Instructions sur le traitement des blessés de guerr
pour les médecins militaires des formations de l'avant.* »

Cette nouvelle circulaire, dont la caractéristique est d'être, comme les précédentes, t
confuse, constitue *un nouvel aveu du mauvais fonctionnement du Service de Santé et
l'inobservation des règles les plus élémentaires de la propreté.*

L'auteur, dans son empressement à justifier les fautes commises, cherche à rejeter
accidents infectieux, effectivement causés par l'insuffisance des soins à l'avant, sur «
fâcheuse habitude des dames hospitalières... qui se font aider », dit-il, « *pour préparer
objets de pansement, par des blessés encore suppurants* ».

Cette accusation est particulièrement injuste, car, si des pansements ont été appliq
avec des mains sales, ce sont les pansements dits individuels, et cette faute est imposs
à éviter dans les postes de secours de l'avant.

Toutes les personnes compétentes qui ont visité les hôpitaux de l'intérieur ont const
contrairement à l'opinion du médecin-inspecteur Chavasse, que les mieux tenus, parti
lièrement pour ce qui concerne la propreté et l'antisepsie, sont ceux qui possèdent
nombre suffisant de dames infirmières.

Si je passe aux *instructions techniques* du médecin-inspecteur Chavasse, je suis ob
de constater qu'elles *manquent de clarté. Pour ce qui concerne le tétanos et la gang
gazeuse, elles sont, non seulement insuffisantes, mais encore inexactes.*

Les trop nombreuses imprécisions de la circulaire du 7 janvier démontrent d'aill
qu'elle émane d'un fonctionnaire plutôt que d'un chirurgien.

L'esprit réactionnaire des grands chefs du Service de Santé.

Pour avoir l'impression du mauvais vouloir avec lequel le Service de Santé accueille toute innovation, il suffit de lire la communication devant la Société de Chirurgie, le 10 mars 1915, du Dr Ferraton, professeur au Val-de-Grâce (*Chirurgie d'armée et blessures de guerre*).

Le professeur FERRATON, dans ce plaidoyer en faveur de la 7ᵉ Direction, cherche à démontrer comment l'organisation actuelle des ambulances répond à tous les desiderata.

« Certes, dit-il, elles sont perfectibles, mais les reproches qui leur furent récemment adressés semblent immérités. »

« Les ambulances de première ligne sont très mobiles, *d'une installation rudimentaire*, pouvant partir au premier ordre. »

« *Elles n'ont point de lits*, sont installées dans des maisons, des chaumières de village. On ne « peut mieux demander que de *coucher leurs blessés* en chambres chaudes *sur une bonne couche* « *de paille propre, au reste toujours préférée par nos blessés à un inconfortable brancard*. Quelle « est la fonction de ces ambulances ? Recevoir les blessés que les régiments leur envoient, les « réconforter au point de vue alimentaire et pharmaceutique, leur assurer un gîte tout « momentané ; au point de vue chirurgical, elles devront renouveler les pansements *en de bonnes* « *conditions*, immobiliser les membres avec des appareils de bonne contention, exécuter quelques « rarissimes opérations d'extrême urgence, mais surtout *faire un tri de blessés*. »

« Tous les matins, et même le soir, des voitures viendront les prendre, qui conduiront les « blessés légers à un dépôt d'éclopés, les blessés moyens à l'hôpital d'évacuation du corps d'armée, « les blessés graves, *tout près, à une ambulance immobilisée chirurgicale*...

« *Or, cette ambulance, c'est celle que tout à l'heure j'appelais ambulance de corps d'armée* « *ou ambulance de deuxième ligne*. Elle s'est immobilisée sur l'ordre du Directeur du Service de « Santé. Elle s'est installée en un village, dans des bâtiments confortables ; elle a reçu du « directeur du corps d'armée une section d'hospitalisation (trois fourgons) qui lui apporte le « matériel de couchage. La voici donc transformée en une ambulance-hôpital, en un hôpital de « campagne. Est-elle bien organisée par un médecin-chef actif avec un bon chirurgien, cette « ambulance immobilisée, cette ambulance-hôpital pourra donner une sécurité très suffisante « pour la pratique des plus graves interventions.

« De leurs blessés, qui tous, remarquons-le, furent des blessés graves, le plus souvent « soumis à une intervention opératoire, elles se libéreront par deux voies bien différentes. Ceux « que le chirurgien, qui les a opérés et soignés pendant une période plus ou moins longue, « jugera capables de supporter sans souffrances ni dommages un transport à longue distance, « seront livrés *à l'hôpital d'évacuation* du corps d'armée qui les expédiera sur l'intérieur par un « train sanitaire. Ceux, au contraire, et les plus nombreux, qui ne pourraient encore tolérer cette « longue évacuation, seront transportés, biens couchés, en voitures automobiles, *dans un centre* « *chirurgical* voisin. »

Dans les deux divisions du corps d'armée, le professeur Ferraton possède, à la division A, *deux voitures automobiles, dont il se contente*.

La division B, *qui n'en possède pas*, doit en demander par voie télégraphique lorsqu'elle en a besoin.

Le professeur Ferraton critique les améliorations proposées :

« Voyons donc les modifications proposées. Il faudrait, dit-on, remplacer les ambulances « actuelles par des hôpitaux de campagne ; ces hôpitaux seraient très éloignés du front ; il « *faudrait évacuer nos blessés en voitures automobiles.* Or, de la description que je viens de « faire du service au N° corps, ne résulte-t-il point que nos ambulances sont à volonté transfor- « mables en hôpitaux de campagne, que l'on place à volonté ou près ou loin du front ; que nos « blessés sont transportés, et rapidement quand il y a lieu, en voitures automobiles. Ces « voitures, nous les avons obtenues pour les armées et les corps d'armée ; nous les demandons « pour les divisions. *Que propose-t-on alors qui ne soit, et depuis longtemps, prévu et exécuté ?*

« Les ateliers de *simple emballage et d'expédition*, les évacuations ultra-rapides de tous les « blessés à longue distance, ont été, bien avant cette guerre, rejetés comme règle générale par « nos chirurgiens militaires français. »

Après ces *dernières affirmations, contraires aux faits les mieux connus*, le professeur Ferraton aborde les instructions techniques et il essaie, par une cote mal taillée, de concilier les instructions déjà désuètes de Delorme et Troussaint avec les instructions plus judicieuses qui sont en vigueur actuellement :

« D'autre part, les règles de thérapeutique de chirurgie d'armée admises et conseillées « jusqu'ici se sont-elles montrées à ce point erronées ? Malgré l'affirmation de voix autorisées, « rien ne me semble moins certain.

« J'estime, pour ma part, que rien n'est à changer aux doctrines générales. Lors de plaies « étroites, punctiformes, produites par des balles de fusil, point d'exploration, point d'inter- « vention chirurgicale ; désinfection cutanée, pansement, immobilisation. Lors de plaies larges, « tout change ; la lésion est infectée : il faut, et sans tarder, débrider largement, nettoyer, « désinfecter, drainer. Qu'est-il donc survenu de nouveau ? Ce qui s'est modifié, ce n'est ni le « caractère des plaies, ni leur thérapeutique : c'est la proportionnalité des plaies étroites et des « plaies larges, des plaies par balles de fusil et des traumas par obus. »

Cette argumentation est très habile ; malheureusement, elle pèche par sa base, car ce sont surtout *les plaies infectées à petit orifice* qui sont *les plus dangereuses*.

Le professeur Ferraton se reprend et discute en ces termes ce qu'on doit considérer comme un orifice large :

« L'expérience récemment vécue nous apporta une donnée quelque peu nouvelle. En « *présence d'une plaie des dimensions du pouce, de l'index*, nous eussions été tentés jadis « d'hésiter, nous demandant *si tels traumas ne pouvaient être classés orifices étroits et traités*

« *comme tels*. Aujourd'hui, dès *qu'un orifice est nettement plus étendu que le punctiforme, nous le* « *classons large, donc infecté*, et l'intervention par débridement, pour nettoyage et aseptisation « du foyer, nous semble de thérapeutique presque nécessaire. » (*Sic*.)

Après ces contradictions et ces impressions qui montrent à la fois le souci du professeur Ferraton, de donner raison à *son collègue Delorme* et de réformer cependant les instructions officielles qui avaient provoqué tant de désastres, le directeur du Service de Santé du N° corps d'armée éprouve le besoin de *critiquer à fond*, comme lourdes, encombrantes et inutiles les nouvelles formations chirurgicales automobiles.

Voici ce qu'il dit à leur sujet :

. . . .

« Si j'ai bien compté, il y a là treize voitures dont quatre gros camions. *C'est donc une* « *formation de poids*. Toute perfectionnée qu'elle soit, peut-elle vraiment prétendre faire entrer « dans le néant d'un complet discrédit nos modestes ambulances actuelles avec leurs six voitures « que nous jugions trop lourdes mais qui sont *cirons* à côté de ces *mastodontes*, avec leurs « quatorze malheureux chevaux de chair et d'os à opposer à quel nombre de HP ? »

Il continue :

« Nos oreilles jadis tintèrent aux enthousiastes descriptions des wagons-salles d'opérations « d'une princesse chirurgicale. . . . . « Telles conceptions sont merveilles d'ingéniosité, mais de valeur pratique à peu près nulle. « Il en est autrement, je le reconnais, du train automobile dont nous a parlé notre *collègue* « *Hallopeau*. Je l'admets volontiers pratique, puisqu'il a fait ses preuves. Et cependant, l'exemple « d'une organisation analogue, *théâtre ambulant* qui fit quelque bruit naguère, nous laisse un peu « sceptique sur la capacité de durée de son fonctionnement. »

. . . .

Le professeur Ferraton termine ce long plaidoyer « pro domo » par une description de l'ambulance chirurgicale *idéale*, dont nous voulons bien lui accorder qu'il y a peut-être *quelques unités*, puisqu'il la décrit :

« Où les blessés, enfin, sont couchés en des chambres bien aérées et bien éclairées, sur de « bons lits ordinaires ou improvisés. Leur nourriture est abondante et bien préparée ; toutes les « médications pharmaceutiques vraiment utiles se trouvent à leur disposition. »

. . . .

Suit une statistique favorable et il termine :

. . . .

« Ajoutons que, maintenant que la doctrine est chez nous bien établie d'inciser d'emblée « comme septiques et très largement, tous les trajets supérieurs aux dimensions punctiformes « pour les nettoyer, désinfecter et drainer, nous n'observons plus, pour ainsi dire, de gangrène « gazeuse ou de tétanos. D'autre part, dans une de nos ambulances, pendant un mois et demi, les « amputations se sont réduites à zéro. »

Si l'on n'a pas fait d'amputations dans cette ambulance chirurgicale, c'est que pareille indication ne s'est pas présentée, par exemple l'arrachement partiel d'un membre; je ne comprends donc pas la valeur de cette déclaration.

On voit que les préceptes du professeur Ferraton sont diamétralement opposés à ceux formulés au début de la guerre par Delorme et par les conférenciers officiels du Service de Santé. Il lui suffit de suivre la maxime erronée « *ab uno disce omnes* ».

Malheureusement pour le professeur Ferraton, un grand nombre des chirurgiens qui ont été au front souriraient à la lecture de ce factum, si la connaissance de la vérité ne le rendait pas pénible et attristant.

Si un grand nombre d'ambulances sont restées immobilisées, celles qui ont fonctionné sont loin d'avoir donné partout des résultats encourageants, et leur installation n'est pas partout aussi satisfaisante que celle des ambulances du Pr Ferraton.

Au commencement de juin, par exemple, au bois de Mortmare, l'évacuation des blessés des postes de secours vers les ambulances se faisait encore avec des voitures hippomobiles. L'ambulance chirurgicale la plus rapprochée était immobilisée à 5 kil. 1/2 des tranchées de première ligne ; elle possédait une salle d'opérations et, comme appareils de stérilisation, de simples bouilloires chauffées par des lampes à alcool : ni étuve Poupinel, ni autoclave. Les blessés qui séjournaient à cette ambulance étaient couchés sur de la paille, dans les salles de la mairie.

L'évacuation se faisait vers Toul, par des automobiles portant les blessés couchés. C'était la seule innovation dans ce secteur.

Au bois Le Prêtre, au commencement de juillet, les blessés étaient conduits des postes de secours à 2 kilomètres de là, par des pentes rapides, sur des petites voitures réglementaires à deux roues, attelées d'un seul cheval et appartenant à la section des brancardiers divisionnaires.

Là, de petites voitures automobiles les conduisaient vers deux ambulances voisines, situées l'une à 800 mètres (Pont-à-Mousson), l'autre à 4 kilomètres plus loin (Dieulouard).

La gare d'évacuation avait été reportée à Belleville, c'est-à-dire à 3 kilomètres de Dieulouard, qui était bombardée comme Pont-à-Mousson.

Le matériel de stérilisation était rudimentaire et insuffisant comme celui des ambulances chirurgicales voisines du bois de Mortmare.

Or, si les ambulances du front ont presque toutes manqué de matériel, on peut constater que les réserves sanitaires sont encore pleines. Ce matériel de réserve est neuf et moderne, mais on ne peut pas l'obtenir sans une paperasserie invraisemblable.

Dans des ambulances comme celles citées plus haut, et c'était le type habituel, il était impossible aux chirurgiens les plus compétents d'observer les règles de l'antisepsie. C'est ainsi que, dans la plupart de ces formations où ont été tentées de grandes opérations, les laparotomies ont succombé presque sans exception ; beaucoup d'amputations ont été également suivies de mort; enfin des sutures, imprudemment faites sur des plaies septiques, ont été le point de départ d'accidents infectieux, de gangrène gazeuse et de tétanos.

Le professeur Ferraton ne convaincra personne par son argumentation; il représente à la fois l'esprit réactionnaire du Corps de Santé, sa volonté absolue d'opposer à toutes les améliorations, à toutes les compétences, à toutes les lumières qui seraient étrangères à cette chapelle vétuste, la force d'inertie la plus redoutable.

Voici quelques faits précis qui montrent sinon l'incompétence chirurgicale, tout au moins la malveillance extraordinaire de quelques grands chefs de notre Service de Santé à l'égard de certains chirurgiens civils.

Lorsque la première formation chirurgicale automobile fut envoyée au front, en novembre dernier, elle reçut la visite de plusieurs médecins inspecteurs.

Cette innovation ne pouvait être acceptée sans critiques. Un jour, la formation reçut un blessé agonisant, atteint depuis vingt-quatre heures d'un écrasement de l'abdomen. Le pouls n'était plus perceptible et les injections classiques de sérum artificiel, de spartéine, de caféine et d'huile camphrée restèrent sans effet.

« Il faut opérer ce blessé », dit le médecin principal Darde, directeur du Service de Santé du N° corps d'armée. — « Il n'a plus de pouls », objectent les chirurgiens. — « Cela ne fait rien, ces malades-là guérissent tous ».

L'état général restant très mauvais, l'opération fut cependant différée. Survient le Directeur des Services de l'arrière, le médecin-inspecteur Chavasse, qui dit, en voyant le blessé : « Comment, vous n'opérez pas ». Les chirurgiens observent qu'il est hors d'état d'être anesthésié, que l'opération est inutile et n'aura d'autre résultat que de hâter la mort.

Le grand chef de répondre : « L'absence du pouls ne signifie rien. J'ai montré que, dans les contusions de l'abdomen, c'était simplement un signe de perforation intestinale. »

Les chirurgiens insinuent timidement que « la disparition du pouls est surtout un signe de mort imminente, quel que soit le traumatisme ».

Le médecin inspecteur : « Mais non, ces malades guérissent parfaitement, opérez-le. »

L'opération fut pratiquée après cet ordre, que de simples médecins aides-majors ne pouvaient transgresser. L'incision, faite sous l'anesthésie locale, montra le péritoine souillé de matières fécales; l'intestin avait été déchiré par le traumatisme; les anses intestinales étaient agglutinées; il était trop tard.

Le blessé supporta l'opération et il succomba au bout de quelques heures.

Cet incident serait peut-être passé inaperçu, si les opérations des Drs Marcille et Hallopeau n'avaient pas été l'objet d'un rapport malveillant d'un de leurs collègues, chirurgien des hôpitaux de Paris, le Dr Potherat, où il est écrit que, pour les laparotomies, le nombre des insuccès a été de 100 p. 100 (1).

Or, les observations prises par les médecins présents démontrent que, sur six laparotomies faites au front, ces chirurgiens ont obtenu trois succès opératoires; deux opérés vivent encore et un troisième, atteint de scarlatine avant la fin de sa convalescence, a succombé à cette complication dix-sept jours après la laparotomie.

Le Dr Marcille, de passage au quartier général, à son retour vers la capitale, fut reçu par le Directeur de l'arrière, qui lui fit deux objections principales :

1° Le montage de sa formation chirurgicale serait tellement compliqué qu'il exigerait quarante-huit heures;

2° Les laparotomies auraient donné 100 p. 100 d'insuccès.

Le Dr Marcille offrit au médecin-inspecteur Chavasse de faire monter *en quelques heures*,

(1) Voir le rapport officiel et la réponse des *chirurgiens*.

devant lui et dans l'endroit qu'il désignerait, sa formation chirurgicale, qu'il convoyait vers Paris.

Le Directeur de l'arrière répondit « qu'il ne le voulait pas et que cela ne l'intéressait aucunement ».

Au sujet de la statistique des laparotomies, le chirurgien faisant observer que, sur 6 opérés, 2 vivaient encore et que le troisième n'était pas mort des suites de l'intervention, le grand chef fit cette réponse monumentale :

« Dans une statistique, il suffit de considérer un seul cas ; si le malade est mort, cela fait « une proportion de 100 p. 100, et il refusa d'examiner le dossier. »

Dans une autre circonstance, où je présentais une première statistique de traitement du tétanos confirmé par les injections intrarachidiennes de sérum antitoxique, en position de déclivité bulbaire, comprenant 15 observations, avec 80 p. 100 de guérisons, un autre des médecins inspecteurs généraux de l'armée me répondit : « Vous ne devriez pas parler de 80 p. 100 de guérisons puisque vous n'avez traité que 15 cas ; attendez d'en avoir traité cent. »

Ces exemples montrent l'esprit de ces messieurs et leur habileté à conclure, serait-ce par l'absurde, dans le sens qui leur convient.

La vaccination antityphique.

J'allais omettre un exemple frappant de l'incohérence des instructions ministérielles.

La vaccination antityphique a été rendue obligatoire par une loi et l'on pouvait croire que le parlement avait accepté une technique bien définie. Il n'en est rien. Depuis le commencement de la guerre, le nombre des injections de vaccin antityphique a été d'abord fixé à 3 ; une seconde circulaire l'a réduit à 2 ; la fièvre typhoïde se propageant avec une rapidité inquiétante, le nombre des injections fut porté à 4. Or, une circulaire récente vient de les réduire à 2 pour une catégorie de soldats, la réserve de l'armée territoriale. Malgré toutes ces mesures, qui étaient insuffisantes ou bien ont été mal appliquées, la fièvre typhoïde a sévi avec une intensité rare et le bacille typhique a été constaté par l'hémoculture dans le sang de beaucoup de soldats qui avaient reçu le nombre le plus élevé d'injections vaccinales, 4.

J'ai déjà dit comment les typhiques et d'autres contagieux avaient été laissés en contact avec des blessés. La statistique actuelle des cas de fièvre typhoïde atteint actuellement, m'a-t-on affirmé, un chiffre supérieur à 60.000 et la mortalité globale aurait été supérieure à 10 p. 100 ! !

LES SERVICES DE L'INTÉRIEUR

Les hôpitaux de l'intérieur n'ont pas mieux fonctionné que les services de l'avant parce que les compétences n'étaient généralement pas utilisées. Des médecins dépourvus de toute valeur chirurgicale prenaient partout les décisions les plus graves, laissant mourir ici des blessés qu'une opération opportune aurait sauvés, amputant ailleurs des membres qu'une bonne technique eût permis de conserver.

Actuellement, les mêmes errements continuent et des opérateurs incompétents se livrent à tort et à travers à des interventions malencontreuses, qui aggravent l'état des blessés ou prolongent à la fois leurs souffrances et leur séjour à l'hôpital.

On a cherché à remédier aux premiers errements par la création, ordonnée le 25 janvier

1915, de centres chirurgicaux régionaux. Cette mesure a été insuffisante, car la répartition des blessés reste défectueuse.

L'exemple le plus précis de l'incompétence galonnée nous est encore fourni par le médecin-inspecteur Delorme, qui aurait pu se taire après les désastres qu'il avait provoqués par sa circulaire du 10 août. Cet homme ambitieux, voulant, par un coup de maître, racheter sa faute du 10 août devant l'Académie des Sciences, dont il ambitionne les suffrages, eut l'idée géniale de donner une preuve éclatante de son habileté et de sa compétence chirurgicales en opérant les lésions des nerfs par projectiles de guerre.

Voici le jugement de ses collègues, jugement formulé, malgré sa sévérité, avec la modération en usage dans les sociétés savantes.

L'incompétence chirurgicale du médecin-inspecteur Delorme. Sa condamnation par l'Académie de Médecine et par la Société de Chirurgie.

Le médecin-inspecteur Delorme a communiqué successivement à l'Académie des Sciences, à l'Académie de Médecine et à la Société de Chirurgie une technique dont il réclame, bien à tort, la priorité et qui serait applicable aux plaies des nerfs par projectiles de guerre.

En premier lieu, il est tout à fait faux que les blessures des nerfs par projectile de guerre diffèrent sensiblement des blessures des nerfs dans la pratique de la chirurgie courante, où il s'agit très souvent de coups de feu et où l'on peut observer, comme en chirurgie de guerre, des corps étrangers.

Ce qu'il y a de plus étrange dans les communications de M. Delorme, c'est qu'elles sont purement théoriques et qu'il n'appuie pas ses dires par l'exposé de résultats thérapeutiques indéniables.

Les communications de M. Delorme ont été très sévèrement appréciées par la plupart de ses collègues, si l'on peut en juger par les réponses suivantes : (V. *Bulletin de l'Académie de Médecine*, 19 janvier 1915.)

« M. Babinski. — Parmi les nombreuses observations qu'il a recueillies, M. Delorme en « a-t-il quelques-unes établissant l'efficacité particulière du mode de traitement qu'il préconise « et l'autorisant à écarter les autres moyens que l'on peut employer et dont il semble faire fi ?

M. Delorme a répondu que « ses opérations sont trop récentes et qu'il veut attendre, pour « être fixé, le résultat définitif ».

M. Babinski continue : « M. Delorme reconnaît que les troubles de motilité n'ont encore « été atténués chez aucun de ses opérés...

« Je m'attendais à cette réponse. Il me sera permis de faire remarquer que, n'ayant pas « obtenu jusqu'à présent de résultats thérapeutiques et ne sachant pas quel sera le pourcentage « de ses succès, M. Delorme n'est pas autorisé à soutenir que la méthode mise en œuvre par lui « doit être choisie dans la plupart des cas, de préférence aux autres moyens dont on peut faire « usage.

« M. Pozzi, prenant la parole, s'exprime ainsi :

« J'ai écouté, avec attention et un peu de surprise, la communication de M. Delorme. Elle « me paraît passible de graves objections.

« Un premier point m'a frappé : c'est que notre collègue a fait un exposé uniquement
« théorique, sans l'appuyer d'aucune observation clinique. Il s'est placé — il l'a dit lui-même
« à diverses reprises — au point de vue purement rationnel. Il a conçu et exécuté une opération,
« assurément séduisante, guidé uniquement par une conception *a priori*. Il a continué à la
« pratiquer, et cela sur quatre-vingt-dix blessés, *sans que son opération eût reçu la sanction de*
« *l'expérience*. Cette hardiesse est grande. Il est possible que l'avenir démontre que la théorie
« de notre collègue est vraie, mais le contraire est possible aussi. *Et si, au lieu d'avoir amélioré*
« *l'état de ses opérés, il l'avait considérablement aggravé*, s'il leur avait même enlevé en grande
« partie les chances d'une guérison spontanée tardive, quels regrets ne seraient pas les siens ? »

Le 10 février suivant, le professeur DELBET a critiqué en ces termes, devant la
Société de Chirurgie, les interventions du médecin-inspecteur Delorme pour les blessures
des nerfs :

. . . .

« M. Delorme n'a apporté aucune recherche microscopique, aucune étude électrique des
« nerfs, ni des muscles, aucun élément scientifique qui puisse nous renseigner sur l'état des nerfs
« qu'il a si généreusement réséqués. La communication qu'il a faite à l'Académie des Sciences,
« à l'Académie de Médecine, à la Société de Chirurgie aurait pu être écrite avant la découverte
« du microscope, avant la découverte de l'électricité, avant la découverte des réflexes.

. . . .

« Quand on fait une opération de caractère expérimental, j'entends une opération légitime,
« on attend de voir le résultat qu'elle donne avant de la répéter.
« Or, ce qu'il y a de très particulier dans le cas de M. Delorme, c'est qu'il a répété un
« grand nombre de fois ses résections nerveuses sans attendre un seul résultat.

. . . .

« M. Delorme a été conduit, après les résections qu'il fait généreusement, à donner aux
« membres, pour permettre la coaptation, des attitudes singulières, flexion de la jambe sur la
« cuisse, extension de la cuisse sur le bassin, attitudes qui, si elles persistaient, rendraient le
« membre inutilisable.
« M. Delorme ne nous dit pas combien de temps il maintient cette attitude, ni s'il a cherché
« à la redresser. Je veux croire que le redressement sera très facile, mais je ne suis pas sans
« inquiétude.

. . . .

« Il a dit à l'Académie de Médecine : « *J'ai imaginé des modes d'intervention nouveaux.* »
« Je cherche les modes nouveaux.
« Je ne trouve pas dans le texte même de la communication l'expression complète de la
« pensée de M. Delorme ; je n'y vois pas ce qu'il considère comme réellement nouveau.

. . . .

« Ainsi je n'ai trouvé, à mon grand regret, dans la communication de M. Delorme aucun
« mode opératoire nouveau.
« Il y a cependant quelque chose d'extraordinairement nouveau, c'est l'usage qu'il fait des
« modes opératoires anciens.

. . . .

« Si presque toutes les résections nerveuses qui ont été pratiquées par M. Delorme
« m'inquiètent, il en est qui m'effrayent :

« Voici, par exemple, l'observation VII. C'est seulement plusieurs jours après la blessure
« que l'on constate les signes d'une paralysie. Il est donc probable qu'il n'y avait pas de lésion
« primitive du nerf. Et, en effet, M. Delorme ayant découvert le sciatique nous dit : « *Le nerf*
« *paraît d'abord assez peu atteint.* » Mais il trouve (je cite ses propres paroles) « un tissu
« intermédiaire qu'une section longitudinale, puis des sections transversales lui firent voir
« exclusivement fibreux ». Et il fait une résection telle que *l'écartement est de 5 à 6 centimètres.*

« Ainsi, dans un cas où l'on ne peut même pas dire que la paralysie ait été primitive
« sans examen électrique ni du nerf, ni des muscles, alors que le nerf lui paraît d'abord assez
« peu atteint, simplement parce que, à l'œil nu, un tronçon lui paraît fibreux, M. Delorme
« sacrifie une grande étendue du nerf sciatique. J'avoue que je suis confondu.

« Et je ne le suis pas moins, je le suis plus encore, s'il est possible, par deux autres obser-
« vations où toute l'épaisseur du grand sciatique a été sacrifiée sur une notable étendue alors que
« la paralysie était partielle.

« L'observation II ne comprend aucune symptomatologie ; mais dans le titre je trouve cette
« formule très nette, *diagnostic arrêté à paralysie du sciatique poplité externe.* Ceci est catégo-
« rique. J'ai bien le droit de conclure, puisque le diagnostic était paralysie du sciatique poplité
« externe, que le domaine du sciatique poplité interne n'était pas paralysé. Que fait M. Delorme ?
« Il *résèque plusieurs centimètres de toute l'épaisseur du grand sciatique*, de telle sorte que l'écar-
« *tement entre les deux bouts est de 6 centimètres.*

« L'observation VI est du même ordre. Je cite : « La paralysie a été immédiate. Comme celle
« de l'extenseur commun, du jambier antérieur et des péroniers latéraux est la plus frappante,
« on croit ce blessé seulement atteint d'une lésion du sciatique poplité externe. »

« Dans ce cas aussi, M. Delorme fait une résection de toute l'épaisseur du grand sciatique
« et une résection singulièrement étendue, car M. Delorme écrit à propos du bout inférieur « la
« sensation éprouvée par la palpation indique que le nerf est encore là un peu plus dur que
« sur les parties tout à fait saines (comme si le bout périphérique pouvait jamais être tout à fait
« sain). Mais je ne puis pratiquer une excision plus étendue, en raison de *l'intervalle considérable*
« qui déjà sépare les fragments . »

« Messieurs, je n'ajoute rien. Que pourrait-on ajouter à de pareils faits ? Si l'avenir montre
« que, contrairement à ce que pensent tous les médecins et chirurgiens, on est autorisé à sacri-
« fier des tronçons de nerfs sans être renseigné ni sur leur état anatomique, ni sur leur valeur
« physiologique, *rien jamais ne pourra établir qu'en cas de paralysie partielle d'origine trauma-*
« *tique il est légitime de réséquer toute l'épaisseur d'un nerf.*

« J'ai la plus grande considération pour le caractère de M. Delorme. J'estime qu'il s'est
« laissé entraîner dans *une voie qui présente pour nos malheureux blessés de terribles dangers.*
« Comme l'exemple qui vient de haut est aisément suivi, j'ai cru de mon devoir de dire ce que je
« pense. »

La discussion continue :

M. E. Quénu — « Le point capital des communications de M. Delorme est sa *prétention inad-*
« *missible* de reconnaître à l'œil nu l'intégrité et la valeur anatomique d'une cicatrice nerveuse. Il
« m'a suffi de parcourir un volume de nos Bulletins (1911) pour y trouver deux observations
« qui ruinent la conception de M. Delorme, ce sont les deux observations de Schwartz et de
« Jeanne (de Rouen). Dans cette dernière, le nerf radial au bras est réduit, sur une longueur
« de 10 à 12 centimètres, à l'état d'un tractus fibreux que le chirurgien a un instant la tentation

« de réséquer ; il ne résèque pas ; son malade guérit et retrouve ses fonctions. Je n'insiste pas, ayant
« traité hier cette question à l'Académie de Médecine. »

M. Pozzi, critiquant de nouveau la technique inconcevable du médecin-inspecteur
Delorme, s'exprime en ces termes dans *La Presse Médicale*, le 18 février 1915, p. 291 :

« La méthode de notre collègue est, en effet, nouvelle et singulièrement audacieuse ; elle va
« à l'encontre de l'expérience jusqu'ici acquise et fait, me semble-t-il, trop bon marché des notions
« physiologiques expérimentales. Avant de l'adopter avec un pareil enthousiasme, il semble que
« son auteur aurait pu attendre que ses vues théoriques et son « hypothèse dirigeante » comme
« disait Claude Bernard (qui, lui du moins, opérait sur des animaux) fussent vérifiées par l'expé-
« rience limitée à un petit nombre de cas. Cette expérimentation clinique eût déjà été fort auda-
« cieuse, et pour ma part je n'aurais pas osé l'entreprendre. Mais, *que penser d'une série de*
« *quatre-vingt-dix opérations continuées sans qu'aucun résultat acquis ait été obtenu pour les*
« *légitimer ?*
« En somme, le seul guide de notre collègue a été jusqu'ici *un acte de foi*, car on ne peut
« donner un autre nom à la confiance excessive qu'il accorde à ses vues théoriques.

. . . .

« La résection suivie de suture n'est nullement une opération sans gravité ; au lieu de
« l'améliorer, elle aggrave souvent la situation du blessé et rend sa guérison beaucoup plus
« douteuse. On sait combien sont incertains les résultats obtenus par la suture nerveuse.

. . . .

« Ce n'est pas tout : du fait de ses *conceptions théoriques*, M. Delorme se place souvent dans
« des conditions particulièrement défavorables à la réunion.

. . . .

« Il n'hésite pas à faire subir aux nerfs les sacrifices nécessaires pour obtenir une surface
« saine, disait-il devant vous. Il n'a donc pas hésité, pour cela, *à enlever jusqu'à 5, 6, 7 centi-*
« *mètres d'un nerf*, ce qui nécessite, pour arriver à réunir les deux bouts, des *manœuvres parti-*
« *culièrement dangereuses.*

. . . .

« Il n'est pas un chirurgien qui ne se rende compte du danger qu'il y a à libérer de ses
« connexions vasculaires un cordon nerveux dans une étendue de 10 à 15 centimètres. Malgré
« cette libération, M. Delorme est souvent obligé, pour éviter les tiraillements, de mettre le
« membre dans une *flexion forcée* allant, nous a-t-il dit, comme M. Rouтıеr l'a rappelé à la
« Société de Chirurgie, jusqu'à faire appuyer le talon sur la fesse. On conçoit ce que peut avoir
« de pénible une pareille attitude longtemps conservée ; on se rend compte aussi de la gêne que
« doit apporter ultérieurement à l'extension du membre un cordon nerveux ainsi raccourci.
« J'attire enfin l'attention sur les mauvaises conditions apportées par un pareil tiraillement
« à la cicatrisation de la suture nerveuse. La proportion de 40 p. 100 de succès indiquée par Vaughan
« dans les cas les plus favorables doit certainement être alors réduite, et il est fort à craindre que
« les sutures nerveuses faites par M. Delorme, dans des conditions difficiles, *ne donnent une*
« *proportion d'échecs très supérieure.*

. . . .

« Il nous l'apprendra dans quelques mois. »

Mais ce n'est pas tout : à la désinvolture avec laquelle le médecin-inspecteur Delorme

s est livré, sur les blessés militaires, à des opérations que condamnent tous ses collègues, il faut ajouter son manque d'égard envers ces malheureux, qu'il a considérés comme
des sujets d'expérience.

Je me suis documenté; j'ai appris que le professeur Delorme faisait pression sur les
blessés de son choix pour les opérer. J'ai su aussi les désastres qu'il a causés par ses interventions inopportunes et par son inhabileté opératoire.

A Laval, par exemple, six des blessés qu'il avait désignés le dimanche pour les
opérations du lundi s'étant esquivés au dernier moment, le médecin-inspecteur Delorme les a
fait rechercher et ils ont été expédiés le soir même, sous une surveillance rigoureuse, à
l'hôpital d'une ville voisine, où il opérait le lendemain.

Il est facile de réunir des preuves : que l'on examine les opérés de Delorme et que l'on
compare leur état actuel à leur état antérieur; tel qui pouvait écrire avant l'opération est
irrémédiablement paralysé depuis cette époque; tel autre, qui pouvait encore se servir de
sa jambe, n'a plus qu'un membre inerte et inutilisable.

Le médecin-inspecteur Delorme s'est donc rendu coupable, sur un grand nombre de
blessés, de fautes lourdes, qui tombent sous le coup de l'article 319 (v. p. 13) du Code
pénal et, circonstance aggravante, il s'est rendu coupable en même temps des manquements
les plus regrettables aux principes de l'humanité.

Parmi les fantaisies auxquelles se sont livrés d'autres chirurgiens sur les blessés
militaires, je cite, parce qu'elle me tombe sous les yeux, une communication du
Dr Bousquet, ancien médecin de l'armée, membre correspondant de la Société de Chirurgie,
sur un procédé de désinfection dans les *gangrènes traumatiques.* (Séance du 10 février.)
Voici la technique étrange du Dr Bousquet :

« La plaie étant largement débridée, les bords en sont recouverts de torsades de compresses
« de gaze trempées dans de l'eau froide, puis on verse dans l'intérieur de la plaie de l'alcool à
« 90 degrés, pur ou ioduré; on peut fort bien employer, pour cet usage, *l'alcool à brûler. On met*
« *le feu à cet alcool et on fait ainsi un punch dans cette sorte de cavité; on a soin de rallumer*
« *l'alcool lorsqu'il s'éteint, d'en remettre à deux ou trois reprises différentes, jusqu'à ce que la plaie*
« *soit recouverte d'une bouillie noirâtre.* Si la plaie n'est ni anfractueuse ni cavitaire, chose rare,
« on verse une couche d'alcool à sa surface, ou on la flambe plusieurs fois, avec un tampon
« imbibé d'alcool. Contrairement à ce que l'on pourrait croire, ce flambage est peu douloureux
« *et, maintes fois, nous l'avons employé sur des blessés non endormis, sans que leurs plaintes soient*
« *trop vives* ».

Aucun des membres de la Société de Chirurgie n'a protesté contre une telle technique.
Sans doute ils ont pris en considération que le Dr Bousquet avait été le collègue de Delorme
au Val-de-Grâce.

L'incompétence générale du triumvirat Troussaint, Delorme, Chavasse.

Toutes les citations qu'on vient de lire démontrent que les médecins inspecteurs
Troussaint, Delorme et Chavasse se sont montrés au-dessous de leur tâche. Leur incompétence et leur insuffisance ont été notoires pour tout ce qui concerne le traitement de nos

blessés, tant au point de vue du fonctionnement des formations de l'avant, des évacuations et de l'organisation des hôpitaux du territoire, qu'au point de vue technique et chirurgical proprement dit. *Et je passe sous silence tout ce qui a trait à l'hygiène des armées, au traitement des typhiques*, aux dépôts d'éclopés et des convalescents, sur lesquels viennent de nous parvenir récemment des rapports pitoyables.

Je ne parlerai pas des statistiques. J'ai déjà démontré comment celles qui ont été publiées par la 7ᵉ Direction ont été soigneusement élaborées pour sa défense.

Les chiffres véritables montreront que toutes ces fautes ont déjà coûté à la France plus de morts, de mutilés et d'infirmes qu'une grande bataille.

Les réformes promises.

J'ai déjà signalé (p. 9) la nomination le 8 janvier par le Ministre, inquiet des réclamations qui lui arrivaient de toutes parts, d'une Commission consultative.

Le rapport de cette Commission, remis le 2 mars au Ministre et publié le 10 mars dans l'*Officiel*, a reconnu les fautes commises; il a indiqué la nécessité d'améliorer le transport et l'évacuation des blessés par l'emploi de voitures d'ambulances automobiles, l'urgence d'envoyer au front des formations chirurgicales dotées d'une installation aseptique et antiseptique parfaite; la nécessité d'utiliser, conformément à leurs aptitudes, toutes les compétences. Il est facile de constater que ce programme n'a été réalisé qu'en apparence.

Voitures d'ambulance automobiles.

Le plus grand nombre de ces voitures a été offert par la générosité privée, particulièrement par la Croix-Rouge anglaise, par la haute société américaine, russe et argentine. Beaucoup de ces formations ont été réparties dans des conditions qui ne permettent pas d'en tirer, pour les blessés, tous les avantages qu'on pouvait en attendre (voir p. 11) parce que leur distribution n'a pas été faite conformément aux besoins des armées.

Formations chirurgicales mobiles.

La première de ces formations, construite sur le plan des Dʳˢ Marcille et Hallopeau, chirurgiens des hôpitaux, a été expérimentée en novembre 1914.

D'autres formations analogues ont été établies sur un plan un peu différent et d'après les indications du Dʳ Gosset, chirurgien des hôpitaux, qui a fait adopter ses modifications par la 7ᵉ Direction.

Actuellement, après onze mois et demi de guerre, huit de ces formations ont été envoyées à nos armées, où elles sont annexées à des ambulances immobilisées, qui hospitalisent leurs opérés. Ces ambulances chirurgicales sont loin de rendre les services qu'on devait en attendre, parce qu'elles n'ont pas l'autonomie nécessaire.

Il suffit de se reporter au plaidoyer « pour le Service de Santé », présenté par le Professeur Ferraton, de l'École du Val-de-Grâce, devant la Société de Chirurgie (voir p. 30 et suiv.) pour comprendre que les nouvelles formations chirurgicales, qui sont dirigées par des chirurgiens de carrière, ne seront pas très bien accueillies par certains directeurs du Service de Santé aux armées, parce qu'ils leur préfèrent les formations actuelles, type 1910.

Le professeur Ferraton nous l'a formellement déclaré ; il préfère le « *ciron modèle* 1910 » au « *mastodonte modèle* 1915 ».

Utilisation des compétences.

Il est facile de démontrer que, en dépit de nombreuses circulaires, les compétences ne sont pas utilisées conformément aux intérêts de la nation, tandis que le favoritisme cher au ministre et au titulaire de la 7ᵉ Direction continue son œuvre regrettable et néfaste.

Le Ministre a décrété, il y a quelques mois, que les médecins ou chirurgiens mobilisés ne pourraient pas être employés dans leur département. Or, au Havre, un chirurgien civil a été maintenu, tandis que les autres médecins et chirurgiens mobilisés étaient envoyés dans des formations éloignées. Il est facile de citer des exemples analogues dans des grandes villes de province et particulièrement à Paris, au Ministère même :

Lors de la mobilisation, la 7ᵉ Direction a envoyé au front, d'après la seule fantaisie de ses bureaux, un grand nombre de médecins de la réserve et de la territoriale ; tandis que d'autres, mieux en cour, à l'exemple du Dʳ Guillot, du Havre et du Dʳ Lequeux, spécialiste d'accouchements, attaché à la 7ᵉ Direction, étaient mobilisés dans leur résidence habituelle, et restèrent au milieu de leur clientèle.

Pour ce qui est des compétences, on signale encore, à la tête de grands services chirurgicaux, des spécialistes en gynécologie et des accoucheurs, tandis que des chirurgiens de carrière restent inutilisés et que des médecins sans compétence chirurgicale continuent à pratiquer des opérations journalières.

Je puis citer le cas d'un chirurgien des hôpitaux de Paris, le Dʳ Demoulin, ayant plus de cinquante ans, qui a dû diriger des conseils de revision et vacciner les Belges contre la typhoïde, tandis que son service chirurgical hospitalier de la capitale était, il y a quelques jours encore, entre les mains d'un médecin de réserve, spécialiste en oto-rhino-laryngologie à Paris, et contrairement aux instructions ministérielles.

Puisque je suis conduit à parler des conseils de revision, je dois signaler dans leur composition les incompétences et les défaillances les plus regrettables. A Meaux, par exemple, les décisions du conseil de revision étaient prises sur l'avis d'un médecin très âgé, incapable d'un diagnostic précis et devant lequel on a fait défiler plus de 100 hommes à l'heure.

La même incompétence a présidé presque partout au renvoi des blessés insuffisamment guéris dans les dépôts ; on a observé dans toute la France ce qui m'a été signalé à Laval, où une seule compagnie, celle des éclopés, comptait, il y a quelques mois, plus de 1.200 hommes, pour la plupart inutilisables, parce qu'ils avaient été visités avant leur départ de l'hôpital par des médecins incompétents. Sur ces 1.200 hommes, il y avait environ 400 blessés impotents, dont près de la moitié avaient encore besoin d'être opérés.

C'est ainsi que, pour dégager les dépôts, on a renvoyé au front un nombre considérable de blessés encore inaptes au service armé, et que les médecins régimentaires ont dû réexpédier dans la zone de l'intérieur.

Parmi les nominations scandaleuses, je puis citer celle d'un médecin étranger n'appartenant même pas à une nation alliée, auquel la 7ᵉ Direction a confié un laboratoire au Val-de-Grâce. Ce médecin, qui n'a pas le droit d'exercer en France, et qui se prévaut sans aucun droit de l'Institut Pasteur, a eu l'audace de faire venir au Val-de-Grâce, où il les a traités par des préparations secrètes, des malades privés.

J'ignore quels services peut rendre au Val-de-Grâce ce favori de la 7ᵉ Direction, mais il est incontestable qu'il n'y est pas à sa place.

Je terminerai ces observations contre le favoritisme, trop en faveur à la 7ᵉ Direction, en publiant deux documents caractéristiques (1).

Voici une lettre de la 7ᵉ Direction, transmettant un ordre du Ministre, de donner une place de gestionnaire à un de ses protégés :

Ministère de la Guerre.
—
7ᵉ DIRECTION.

Service de Santé.
—

Bureau du Directeur.
    A. S. de M....

RÉPUBLIQUE FRANÇAISE

——— -

Bordeaux, le 4 novembre 1914.

« LE MINISTRE DE LA GUERRE,
« A MONSIEUR LE DIRECTEUR DU SERVICE DE SANTÉ DE LA Nᵉ RÉGION A Z.

« J'ai l'honneur de vous adresser ci-joint la copie d'une demande par laquelle M. X.
« sollicite un emploi de comptable dans les services hospitaliers complémentaires du territoire.

« En raison des aptitudes spéciales présentées par M. X., j'estime qu'il y a lieu de lui
« confier un emploi de comptable dans un établissement hospitalier.

« Dans le cas où vos hôpitaux seraient pourvus du personnel nécessaire, je vous prie de
« vouloir bien transmettre la lettre de M. X. aux directeurs du Service de Santé des Nᵉ et
« Yᵉ régions, avec une copie de la présente dépêche. Il me sera rendu compte de la suite donnée.

Nᵉ Région
—
ETAT-MAJOR
—
2ᵉ Section. Mobilisation
—
Nᵒ....

« Pour le Ministre et par son ordre :

« *P. Le Directeur du Service de Santé,*
« *Par ordre et par délégation spéciale du Directeur,*

« L'ADJOINT AU DIRECTEUR. »
(Signature).

A l'appui de cet ordre, transmis le 4 novembre, la 7ᵉ Direction joint la copie d'une lettre de remerciements, adressée au Ministre le 28 octobre par l'électeur dévoué auquel il avait déjà promis la faveur demandée, et qui le remerciait par anticipation. Voici cette lettre :

Paris, le 28 octobre 1914·

MONSIEUR LE MINISTRE,

J'accepte avec plaisir l'emploi que vous voulez bien me confier dans un hôpital.

Voici quelles sont mes références :

Directeur retraité des hôpitaux et hospices civils de Paris, officier de l'Instruction

---

(1) On sait que le médecin-inspecteur Troussaint est candidat à l'Académie de Médécine, comme le médecin inspecteur Delorme l'est à l'Académie des Sciences. Cette particularité suffit pour expliquer un certain nombre des mesures de favoritisme auxquelles je fais allusion.

publique, Médaille d'honneur de l'Instruction publique, Médaille d'honneur du Ministère de l'Intérieur.

J'ajouterai que j'ai eu l'honneur d'être électeur de M. Millerand, ministre de la Guerre, député du XII⁰ arrondissement, pendant douze ans, alors que j'étais Directeur de l'hôpital ....

Je ne sollicite aucun grade ; je demande à être utile et je crois pouvoir l'être dans vos bureaux, ayant trente ans d'administration hospitalière.

Veuillez agréer, etc...

(Signature et adresse.)

Le piquant de l'affaire, c'est que le bénéficiaire de cette faveur, renseignements pris, aurait été renvoyé de l'Administration de l'Assistance publique pour indélicatesse et malversation.

Ces documents montrent comment certains Ministres récompensent de leurs services électoraux, par des titres honorifiques, par des décorations et par des mesures de faveur, certains fonctionnaires, renvoyés de leur poste pour prévarication.

LES MESURES URGENTES

Toute tentative de réforme du Service de Santé serait illusoire, si cet organe important de la défense nationale demeurait sous la domination des mêmes incompétences.

La 7⁰ Direction a gaspillé toutes les bonnes volontés et elle a condamné nos blessés, comme au temps de Molière, à « *mourir selon la règle* », c'est-à-dire conformément à ses instructions.

Il faut remplacer les chefs actuels, qui ont vieilli dans les errements de toute leur carrière, par des hommes plus jeunes, conscients des fautes commises et ardents à les réparer.

Le grand chef responsable est le Ministre. Si les Commissions de l'armée de la Chambre des députés et du Sénat, qui connaissent ses fautes et son incompétence dans tous ses services, croient devoir le tolérer encore à la tête des autres Directions, celle du Service de Santé doit lui être enlevée sans retard et il importe qu'il ne puisse plus y exercer en aucune manière son influence néfaste.

Après le remplacement du titulaire actuel de la 7⁰ Direction et du Directeur des services de l'arrière, qui doivent être mis au cadre de réserve, il faudra remplacer ceux de leurs collègues qui ont été exhumés du cadre de réserve par camaraderie.

La liste des médecins-inspecteurs qui doivent suivre les deux directeurs dans leur retraite définitive est facile à établir, comme celle des médecins principaux intelligents et actifs qui les remplaceront.

L'amélioration des secours aux blessés militaires.

Chaque blessé doit recevoir, dans le délai le plus bref, tous les soins que comporte son état : rapidité des premiers secours, soins éclairés et conformes aux progrès de la science, telles sont les conditions qu'il faut réaliser.

Or actuellement, comme nous l'avons vu, si le Service de Santé de l'avant a été amélioré dans son fonctionnement par quelques médecins divisionnaires, les modifications apportées ont été dues à l'initiative personnelle de chacun d'eux. Les efforts des médecins divisionnaires ont tendu tout particulièrement à réformer les conceptions erronées du nouveau règlement de 1910. En effet, la seule originalité de ce nouveau règlement a été d'enlever aux ambulances divisionnaires et aux ambulances de corps d'armée du règlement de 1892 leurs brancardiers et leurs hommes du train, pour en faire des groupes indépendants. Le même règlement a supprimé ce qu'on appelait alors les hôpitaux de campagne : mais il les a rétablis sous un autre nom, celui d'ambulances immobilisées, auxquelles on annexe des sections d'hospitalisation. L'ambulance, formation primordiale, doit se prêter à toutes les transformations, elle devient en première ligne une ambulance de triage et de premier secours; en seconde ligne, suivant l'expression du professeur Ferraton, « une ambulance-hôpital de chirurgie opératoire précoce ».

Aucune de ces ambulances, qui sont disséminées dans la zone des armées, soit à l'avant, soit en deuxième ligne, soit encore beaucoup plus loin, à 20 kilomètres du front par exemple, ne possède plus, grâce à l'innovation du Directeur actuel du Service de Santé, le moindre moyen de transport pour ses blessés ni pour son personnel.

Pour réaliser ce transport, les médecins-chefs de ces ambulances doivent faire appel, au front, aux brancardiers divisionnaires qui doivent aussi, en cas de besoin, venir en aide aux brancardiers régimentaires pour le relèvement des blessés. Pour les ambulances de seconde ligne, ce sont les brancardiers de corps d'armée qui fonctionnent.

Au début de la guerre, nous avons vu que des instructions formelles ont défendu de faire en première ligne autre chose que des opérations très urgentes; les blessés devaient être envoyés le plus vite possible, après le premier pansement, vers la zone de l'intérieur.

A cette époque, où tous les blessés étaient envoyés précipitamment vers l'intérieur, presque tous les chirurgiens avaient été envoyés à l'avant, suivant les fiches de mobilisation. Les hôpitaux de l'intérieur réclamant des chirurgiens compétents, on renvoya ces derniers du front : cette mobilisation à rebours ayant duré assez longtemps, il s'est trouvé qu'au moment même où l'on réforma de fond en comble le système primitif et où il fut décidé que la chirurgie se ferait dans la zone des armées, cette zone se trouva privée de chirurgiens, presque tous ayant été rappelés à l'intérieur. Ils n'y trouvent guère en ce moment d'autre occupation que de réopérer les nombreux blessés encore infirmes et non guéris.

Au début de la guerre, les inconvénients et le désarroi résultant de la dissémination, dans la zone des armées, de toutes les formations indépendantes du règlement de 1910, a eu pour conséquence qu'avant la fin de septembre le tiers environ de nos ambulances avaient été faites prisonnières avec près de 500 médecins et leur personnel d'infirmiers.

C'est donc à la 7ᵉ Direction qu'incombe la responsabilité des pertes si élevées dont a été frappé le Service de Santé de nos armées, lequel compte à ce jour environ 2.000 médecins disparus, tués, blessés ou prisonniers. Qu'il nous soit permis de rendre hommage au dévouement et au courage de ces glorieux confrères du front, qui ont subi depuis le début de la guerre les pertes les plus élevées après l'infanterie.

Comment ont été remplacés les médecins manquants? Ils ont été demandés en hâte à toutes les directions de l'intérieur, sans que personne prît en considération leurs capacités professionnelles. Nous arrivons à une question primordiale : le choix du personnel médico-chirurgical.

Mobilisation du personnel médico-chirurgical d'après les compétences.

La 7ᵉ Direction aurait-elle pu réaliser la mobilisation des médecins de la réserve et de la territoriale conformément à leurs capacités individuelles?

Assurément, mais il eût fallu, pour procéder à cette mobilisation rationnelle, un homme compétent, impartial, capable de ne prendre en considération que l'intérêt de nos soldats et de leur assurer, comme blessés de guerre, des soins aussi éclairés que ceux auxquels ils pouvaient librement prétendre avant la mobilisation.

Nos soldats ne pouvant choisir ni leur médecin, ni leur chirurgien, l'État ne fait pas son devoir s'il n'assure pas à ces défenseurs de la patrie les soins les plus éclairés, donnés par des médecins et par des chirurgiens d'une valeur professionnelle indiscutable. Or, le meilleur moyen de connaître la valeur réelle d'un médecin, d'un chirurgien ou d'un spécialiste, c'est de considérer sa situation professionnelle, laquelle est indépendante des fonctions officielles et des titres honorifiques.

Le nombre total des médecins français, civils et militaires était, avant la guerre, d'environ 22.000.

Le nombre des *médecins militaires* du cadre actif est d'environ 1.700, celui des *médecins praticiens* de la réserve et de la territoriale d'environ 13.000, soit en tout 14.000 à 15.000 médecins, chirurgiens et spécialistes utilisables en temps de guerre.

On peut compter que, sur ces 15.000 médecins, le plus grand nombre peuvent être employés comme chirurgiens ou comme aides-chirurgiens.

Il est facile de dresser une liste indiquant :

1º Les chirurgiens de carrière; leur compétence est garantie par leur longue expérience et par leur situation professionnelle; ils auront le rang de chirurgien-chef;

2º Les jeunes chirurgiens auront le rang de chirurgien en second;

3º Les internes des hôpitaux et les étudiants en médecine, possédant des capacités spéciales, seront leurs aides;

4º Les spécialistes pour les yeux;

5º Les spécialistes pour la bouche et les dents;

6º Les spécialistes pour la radiographie et l'électricité;

7º Les spécialistes pour les maladies du nez, des oreilles et du larynx;

8º Les spécialistes pour le massage, la mécanothérapie et la rééducation.

Pour les médecins, on établira une liste analogue, de manière à les mobiliser suivant leurs aptitudes professionnelles ou leur spécialisation.

Or, la 7ᵉ Direction, fidèle à sa conception de la hiérarchie militaire, n'a tenu compte que des grades, et elle a imposé aux médecins mobilisés les fonctions les plus étrangères à leur carrière professionnelle.

Les pharmaciens devront être employés suivant leur compétence : pharmacie, laboratoires d'analyses, services de désinfection et d'antisepsie, etc.

Les erreurs du début ont été réparées dans une mesure tellement restreinte qu'une revision complète des affectations actuelles s'impose dans un bref délai.

Les compétences et les grades.

Comment concilier ces deux qualités, qui se heurtent si souvent aux armées comme à l'intérieur ?

Il faut séparer complètement, dans le Service de Santé, les Services administratifs des Services techniques, c'est-à-dire de la pratique de la médecine et de la chirurgie.

LES SERVICES ADMINISTRATIFS

Les Services administratifs seront laissés de préférence aux médecins du cadre actif, auxquels ils seront distribués selon leurs grades. Ils pourront être confiés à des médecins de la réserve et de la territoriale, possédant le grade nécessaire, lequel témoignera, puisqu'il est conféré après un examen, qu'ils possèdent les connaissances indispensables.

Ces médecins resteront les chefs des services qu'ils dirigeront, mais une grande partie de la paperasserie journalière qui leur incombe actuellement sera confiée aux officiers gestionnaires.

Ces médecins-chefs n'auront pas à intervenir pour ce qui concerne les soins médicaux et chirurgicaux proprement dits.

LES SERVICES TECHNIQUES

Chirurgiens. Médecins. Spécialistes.

Les praticiens chargés des services de chirurgie, de médecine et des services de spécialités porteront *un brassard spécial* et ils n'auront pas le droit d'intervenir dans les questions administratives ni de commandement.

Ils auront aussi leur hiérarchie propre : médecin-chef ou chirurgien-chef, suppléants et aides, qui seront assimilés pour leur solde aux médecins-majors et aux aides-majors.

Ils seront choisis d'après le tableau des compétences, qui sera revisé chaque année ou même dans le courant de l'année, après enquête.

Si des médecins haut gradés du cadre actif, de la réserve ou de la territoriale sont désignés pour la fonction de chirurgien-chef ou de médecin-chef, assistant ou aide, ils continueront à toucher la solde que comporte leur grade, mais ils porteront *le brassard spécial à leur fonction*, et ils cesseront d'intervenir dans les questions de commandement et d'administration.

Les médecins-chefs et les chirurgiens-chefs des services hospitaliers et des formations chirurgicales de la zone des armées ou de l'intérieur pourront réclamer auprès d'eux, autant que cette affectation ne sera pas contraire aux nécessités de cette mobilisation professionnelle, les suppléants et les aides de leur choix.

C'est le seul moyen d'assurer le bon fonctionnement de ces services, dont dépend le salut des blessés militaires.

PROJET DE RÉORGANISATION

Nous avons vu que les formations actuelles, particulièrement les ambulances et les groupes indépendants de brancardiers n'ont pas entre elles de cohésion suffisante, et qu'il en résulte un désarroi complet lorsqu'un rôle précis n'a pas été désigné à chacune d'elles; c'est le cas lorsqu'une armée se déplace rapidement dans un sens ou dans l'autre.

Il ne faut pas chercher à limiter les inconvénients du système actuel à la seule imperfection des moyens de transport. Assurément, il faut supprimer les groupes indépendants de brancardiers et leurs véhicules surannés, et on doit les remplacer par des sections de voitures d'ambulance automobiles. Mais il faut aussi que l'évacuation des blessés vers l'arrière soit simplifiée, et qu'elle se fasse d'après un plan bien déterminé.

De même que chaque armée occupe un terrain en forme de couloir recevant de l'arrière, c'est-à-dire de la zone de l'intérieur, son ravitaillement, ses munitions, ses armes et ses renforts, chaque division doit représenter, pour l'évacuation des blessés, un couloir plus étroit, qui les canalise dans le sens contraire, c'est-à-dire vers l'intérieur.

ZONE DES ARMÉES

Brancardiers régimentaires.

Leur nombre sera augmenté dans la proportion de 1 à 5; les nouveaux brancardiers régimentaires seront pris dans les cadres des corps de brancardiers divisionnaires et de corps d'armée, dont le plus grand nombre se trouveront inutilisés. Le matériel de transport, notamment les brancards roulants, brouettes, etc., seront améliorés et augmentés dans les mêmes proportions.

Postes de secours.

Les brancardiers régimentaires transportent les blessés aux postes de secours. Ces postes de secours seront établis, autant que possible, dans des endroits où pourront arriver les voitures légères d'ambulances automobiles.

On y appliquera le pansement individuel après désinfection locale avec la teinture d'iode dédoublée ou la liqueur de Labarraque à 20 p. 100. Le médecin auxiliaire du poste de secours arrêtera les hémorragies par la ligature du membre (garrot) et fera les pansements des blessés gravement atteints.

Section de voitures d'ambulance automobiles.

Des voitures d'ambulance automobiles légères, en nombre suffisant pour chaque division, prendront les blessés, assis ou couchés, aux postes de secours, et les conduiront rapidement à la formation chirurgicale mobile. Chacune de ces voitures aura deux conducteurs, pouvant faire également office d'infirmiers brancardiers.

Formation chirurgicale automobile.

Chacune de ces formations doit comprendre :

1° Pour le cas où l'on ne disposerait pas de locaux couverts, plusieurs tentes d'environ 15 mètres sur 5, subdivisées chacune en trois segments pour la réception et le triage général des blessés, pour la toilette des plaies et le pansement des blessés légèrement atteints, qui seront immédiatement évacués, tandis que les blessés gravement atteints seront réunis dans un local spécial, où ils recevront les premiers soins.

2° *Salle d'opérations.* — La salle d'opérations sera disposée à côté des locaux de triage. Elle sera munie de tout le matériel antiseptique nécessaire. Les chirurgiens y procéderont : à l'ablation des corps étrangers facilement accessibles, aux incisions libératrices, à la mise en place des mèches et des drains, au tamponnement antiseptique des plaies anfractueuses et aux opérations d'urgence.

Les fractures seront immobilisées de manière à ce que les blessés puissent être évacués sans souffrance.

Les opérés seront hospitalisés, pendant le temps indispensable, dans des locaux appropriés ou bien, à leur défaut, dans des tentes-hôpitaux, munies du confort nécessaire. En l'absence de locaux convenables, chaque tente de 15 mètres sur 5 peut abriter 24 lits.

Lorsqu'une ou plusieurs divisions de l'armée resteront au repos, le médecin-chef de l'armée pourra réclamer, par l'intermédiaire du médecin-chef du corps d'armée, qui transmettra l'ordre au médecin divisionnaire, une ou plusieurs des formations chirurgicales inactives, qui iront doubler les formations chirurgicales surchargées (1).

Section de voitures d'ambulance automobiles pour l'évacuation des blessés couchés.

Les blessés légèrement atteints seront transportés immédiatement vers un dépôt d'éclopés, vers un hôpital temporaire de l'avant ou vers la gare la plus voisine par les voitures d'ambulance automobiles légères du service de l'avant. D'autres voitures d'ambulance automotrices, spécialement installées pour le transport des grands opérés de la formation chirurgicale divisionnaire, serviront à leur évacuation dès qu'elle pourra se faire sans danger et les transporteront dans les hôpitaux les plus proches de la zone de l'arrière des armées, où ils demeureront le temps nécessaire.

L'hôpital de la gare d'évacuation.

Les blessés légèrement atteints seront examinés de nouveau à l'infirmerie et à l'hôpital de la gare d'évacuation, qui devront être munis de toute l'installation antiseptique et chirurgicale nécessaires et seront sous la direction technique d'un chirurgien de carrière.

Chaque pansement sera vérifié; les blessés qui ne pourront pas être envoyés immédiatement vers les formations de l'intérieur seront hospitalisés, afin de recevoir les soins nécessaires.

___

(1) Cette réforme du Service de Santé de la zone des armées, dont j'avais tracé les grandes lignes à la fin d'octobre 1914, doit être réalisée avant que la guerre de siège ait fait place à une offensive soutenue.

Les salles d'opérations automobiles, du modèle Marcille-Hallopeau et du modèle Gosset ne pouvant pas être terminées en nombre suffisant dans un bref délai, celles de ces formations qui seront prêtes devront être annexées aux armées désignées par le haut commandement.

Les divisions qui ne pourront pas recevoir de ces salles d'opérations, dernier modèle, recevront tout le matériel de stérilisation indispensable pour l'organisation immédiate d'une salle d'opération aseptique, à laquelle seront annexées les voitures automobiles, les locaux de triage et d'hospitalisation qui constitueront avec la salle d'opérations aseptique l'ensemble de la formation chirurgicale mobile divisionnaire, telle qu'elle a été décrite.

ZONE DE L'INTÉRIEUR

Les trains sanitaires.
Évacuation des blessés vers les gares de répartition.

Aucun blessé ne sera envoyé vers les hôpitaux de l'intérieur sans avoir été l'objet de ce double examen, le premier dans une formation chirurgicale de l'avant, le second à la gare d'évacuation.

Les trains d'évacuation seront à intercirculation ; chacun d'eux aura le personnel et le matériel nécessaire pour assurer aux blessés les soins urgents.

Répartition des blessés dans les hôpitaux du territoire.

A l'arrivée de chaque train de blessés, ceux-ci seront répartis : les plus graves dans les grands centres et dans les hôpitaux déjà désignés pour les recevoir, les moins graves, dans des villes plus éloignées.

Aussitôt après leur hospitalisation, un premier examen permettra de modifier la répartition première conformément à l'intérêt des blessés.

1° *Grandes opérations* :

Tous les blessés qui auront besoin de grandes opérations seront rassemblés dans les hôpitaux *spécialement installés* et l'on réunira dans les mêmes salles les grands blessés, suivant la région atteinte : plaies du crâne, plaies de la face, plaies du cou, plaies du thorax, plaies de l'abdomen, grands fracas osseux et articulaires, etc...

2° *Traitement des fractures* :

Les blessés atteints de fractures doivent être réunis dans des salles spéciales, dirigées par des chirurgiens compétents ; les fractures du bras, celles de l'avant-bras et des os de la main, les fractures de cuisse, puis celles de la jambe et des os du pied seront traités côte à côte ; ainsi la surveillance de ces blessés sera singulièrement facilitée et ils seront moins exposés à des consolidations vicieuses, telles qu'on les observe aujourd'hui par milliers.

3° *Blessures des yeux* :

Les blessures des yeux seront traitées dans des services spéciaux et par des spécialistes.

4° *Blessés légèrement atteints* :

Les blessés très légèrement atteints seront répartis dans des formations d'une installation plus sommaire, où ils seront placés sous la surveillance d'un chirurgien qui devra les faire transporter d'urgence, à la moindre complication, dans un des hôpitaux désignés pour les interventions chirurgicales.

Cette répartition judicieuse des blessés ne se fera pas sans soulever des protestations de la part des médecins et chirurgiens des hôpitaux du territoire qui, pour la plupart veulent des blessés gravement atteints afin de faire beaucoup d'opérations.

Le strict intérêt des blessés militaires exige cette mesure. Il est temps que le corps médical observe le grand précepte du Christ : « *Ne fais pas à autrui ce que tu ne voudrais pas qu'on te fît* ».

Les devoirs des médecins envers l'humanité, déjà formels dans la pratique civile, sont plus impérieux encore lorsqu'ils deviennent, pour traiter les blessés de guerre, les mandataires de l'État.

Instructions générales pour les grandes opérations et les amputations.

« Nulle opération grave, nulle amputation ne sera pratiquée sans un protocole de consultation entre le chirurgien et deux des médecins militaires du plus haut grade qui pourront être réunis en temps opportun. » La consultation écrite, revêtue des trois signatures sera envoyée au Directeur du Service de Santé régional, qui la classera dans un dossier spécial. »

Si cette formalité, que j'ai formulée en septembre dans la 10ᵉ Région et qui a été proposée à la 7° Direction, avait été adoptée, *les mutilations inutiles auraient immédiatement cessé* (1).

Mais le ministre avait à ménager partout des influences et certaines personnalités; c'est ainsi que les blessés militaires sont devenus très souvent, comme je l'ai démontré, *de véritables sujets d'expérience.*

Cure radicale de hernie. — Appendicectomie.

Ces opérations, qui exigent une asepsie rigoureuse, ne peuvent être pratiquées que dans les salles d'opérations réservées aux blessés non infectés.

Opérations plastiques. — Chirurgie nerveuse et tendineuse.

Les autoplasties, la réparation des fistules et de certaines difformités, les opérations de libération ou de suture nerveuse, les réparations tendineuses ne doivent être tentées que dans des hôpitaux spéciaux; elles seront confiées à des chirurgiens d'une habileté et d'une compétence incontestables.

Tout chirurgien appelé à déterminer les indications opératoires dans ces circonstances délicates doit faire le raisonnement suivant :

« Est-il certain que l'opération n'aggravera pas l'état antérieur ? Quel est le bénéfice « que le blessé pourra retirer de l'intervention ? » Il devra considérer en outre qu'il engage, par son opération, la responsabilité de l'État, qui lui donne sa confiance. Il eût été à souhaiter que le médecin inspecteur Delorme observât ces prescriptions.

Cal vicieux. — Fistules osseuses, salivaires, intestinales, urinaires, etc.

Les cals vicieux et les fistules osseuses peuvent exiger des opérations très spéciales, qui réclament une grande expérience pratique.

Ces cas doivent être divisés en deux catégories, suivant qu'ils sont aseptiques ou qu'il y a encore une fistule suppurante.

Les opérations osseuses aseptiques doivent être faites dans des services spéciaux, où ne seront pas admises les fistules osseuses suppurantes.

Les fistules osseuses seront opérées dans d'autres hôpitaux, et la plaie sera traitée par le tamponnement, sans sutures. La suture en effet est généralement suivie de récidive.

(1) C'est aussi dès le début de septembre 1914 que j'ai précisé la technique du traitement de toutes les variétés de blessures de guerre, telle qu'elle a été ultérieurement adoptée par la majorité des chirurgiens (voir p. 5).

Les fistules salivaires, intestinales, urinaires, etc., ne seront opérées qu'au moment opportun.

Mécanothérapie. — Rééducation.

Des centres de mécanothérapie et de rééducation ont été créés dans ces derniers mois. Leur organisation est souvent insuffisante ; elle doit être améliorée sans retard.

REVISION DES CADRES DU SERVICE DE SANTÉ

Cette revision doit avoir lieu aussi bien dans la zone des armées que dans la zone de l'intérieur. Elle sera faite conformément aux indications déjà données.

ZONE DES ARMÉES

Pour aboutir vite, il suffira de faire établir le tableau de tout le personnel médïco-chirurgical, Service de Santé de la zone des armées, par armées, par corps d'armées et par divisions, la division étant l'unité : **à chaque division correspond un couloir d'évacuation des blessés avec centre chirurgical mobile.** On modifiera les affectations actuelles suivant les compétences.

A. — Direction administrative et commandement.

. Le *médecin divisionnairé* dirige le couloir d'évacuation dans toute son étendue, pour ce qui concerne l'administration et le commandement. C'est lui qui, d'après les indications de l'état-major, assigne à la formation chirurgicale mobile et à ses annexes leur emplacement.

La formation chirurgicale sera établie à une distance suffisante de l'ennemi pour se trouver en sécurité — au moins à 10 ou 15 kilomètres de la ligne de feu — elle pourra ainsi se replier, en cas de recul, grâce à ses voitures automobiles.

Le *médecin-chef du régiment* assure, avec ses médecins aides-majors et auxiliaires, le relèvement des blessés et le fonctionnement des postes de secours. Les brancardiers sont sous leurs ordres.

B. — Direction de la formation chirurgicale mobile divisionnaire.

La formation chirurgicale mobile divisionnaire, qui comprend la salle d'opérations aseptique et ses annexes : parcs de voitures d'ambulance automobiles, camions, etc., locaux ou tentes de triage, locaux ou tentes d'hospitalisation, etc., sera, pour tout ce qui concerne le *traitement des blessés* sous la direction exclusive du *chirurgien-chef.*

L'administration et le commandement seront délégués par le médecin divisionnaire à un officier gestionnaire.

Il sera facile de désigner, *la liste des compétences étant plus que suffisante,* le nombre nécessaire de chirurgiens-chefs, leurs suppléants et leurs aides.

C'est sous la **direction exclusive du chirurgien-chef** que se feront, par les soins de ses assistants :

1° Le triage général des blessés ;

2° La vérification des pansements ;

3° L'évacuation immédiate des blessés le moins atteints, par degré de gravité, vers un dépôt d'éclopés voisin, vers la gare la plus proche, qui les conduira à la gare d'évacuation ; enfin, vers les hôpitaux temporaires de la zone des armées, s'ils ont besoin de soins immédiats. Chaque blessé ainsi évacué portera une fiche, avec le diagnostic, la date du dernier pansement, celle de l'injection antitétanique, et la mention *néant*, si cette injection n'a pas été faite ;

4° Les blessés plus gravement atteints, qui devront être opérés sans retard, seront réunis dans la salle de préparation annexée à la salle d'opérations aseptique, où se trouveront au moins deux tables d'opérations.

Les opérés seront hospitalisés pendant le nombre de jours strictement nécessaire dans les locaux ou tentes hôpitaux qui feront partie de chaque formation ;

5° Un local spécial sera réservé aux cas les plus graves, que le chirurgien-chef ne jugera pas opérables ni transportables, et où ils recevront tous les soins nécessaires (1).

ZONE DE L'INTÉRIEUR

La répartition des médecins, chirurgiens et spécialistes y sera faite également d'après les aptitudes et les compétences.

La répartition des blessés sera réglée comme il a été indiqué.

Aucun blessé ne pourra quitter l'hôpital sans une fiche indiquant tout ce qui peut être nécessaire à son traitement ultérieur.

L'absence de fiche portant les indications précises est particulièrement fâcheuse pour les blessés encore atteints de paralysie et qui sont envoyés dans des centres d'électrisation et de rééducation après avoir subi des opérations chirurgicales.

La fiche explicative n'existant pas, on constate simplement la cicatrice d'une opération antérieure ; mais on ignore quelle a été cette opération, quel était l'état du nerf — a-t-on simplement dégagé le cordon ou bien a t-on fait une suture nerveuse.

CONCLUSIONS

Les formations actuelles du Service de Santé de la zone des armées sont trop nombreuses et trop indépendantes.

Leur organisation est insuffisante et leur fonctionnement est défectueux.

Le Service de Santé de l'avant doit être réformé de manière à réaliser l'évacuation plus

(1) Voir page 55 le schéma d'un couloir divisionnaire d'évacuation des blessés.

rapide de tous les blessés et à assurer aux plus gravement atteints des soins chirurgicaux immédiats.

Les services de la zone de l'intérieur doivent également être améliorés.

Voici l'ensemble de ces réformes :

1° Le nombre des brancardiers régimentaires doit être augmenté; les nouveaux brancardiers régimentaires seront prélevés parmi les brancardiers des corps indépendants qui seront supprimés.

L'amélioration des moyens de transports mis à leur disposition et celle des postes de secours seront réalisées d'après les perfectionnements les plus récents.

2° Les sections indépendantes de brancardiers et de corps d'armée, qui seront supprimées, seront remplacées par des sections de voitures d'ambulance automobiles. Ces sections de voitures d'ambulance automobiles seront annexées aux formations chirurgicales mobiles divisionnaires.

Les voitures d'ambulance automobiles iront chercher les blessés aux postes de secours, pour les transporter à la formation chirurgicale, qui sera établie à une distance suffisante de l'ennemi pour être en sécurité.

3° Les ambulances divisionnaires et de corps d'armée seront transformées de manière à servir à la constitution des formations chirurgicales divisionnaires mobiles.

4° *Formation chirurgicale mobile divisionnaire* :

Chaque formation chirurgicale mobile divisionnaire comprendra comme organe principal :

1° Une salle d'opérations aseptique, à laquelle seront annexés ;

2° Le parc des voitures d'ambulance automobiles, camions, cuisines et matériel;

3° Les locaux ou tentes de triage pour les blessés provenant des postes de secours ;

4° Les locaux ou tentes d'hospitalisation.

Les blessés moyennement atteints seront évacués directement des tentes de triage par des voitures d'ambulance automobiles, vers un dépôt d'éclopés, vers la gare la plus voisine ou vers les hôpitaux temporaires les moins éloignés, s'ils doivent recevoir des soins immédiats. Les blessés très gravement atteints seront immédiatement opérés dans les salles d'opérations par le chirurgien en chef et par ses assistants.

5° Toutes les améliorations nécessaires seront apportées à l'organisation des dépôts d'éclopés, des hôpitaux de la zone des armées et de la zone de l'intérieur, enfin à tout ce qui concerne le transport des blessés.

6° Les centres de physiothérapie, de rééducation et de traitements spéciaux (stations thermales, etc.), seront organisés conformément aux derniers progrès de la science.

La mortalité par suite de l'infection, le nombre des amputations et celui des infirmités permanentes diminueront ainsi dans des proportions notables, et on assurera le retour plus rapide de tous les blessés légèrement atteints sur le front de bataille.

SCHÉMA D'UNE SECTION CHIRURGICALE DIVISIONNAIRE
(COULOIR D'ÉVACUATION DES BLESSÉS)

Nᴱ DIVISION

1ᵉʳ Régiment   —   2ᵉ Régiment   —   3ᵉ Régiment   —   4ᵉ Régiment

Postes de secours.

Les blessés y parviennent soit par eux-mêmes soit par les soins des brancardiers régimentaires.

+ + + +   —   + + + +   —   + + + +   —   + + + +

L'évacuation des blessés se fait par des voitures d'ambulances automobiles légères vers les locaux ou tentes de triage de la formation chirurgicale.

Formation chirurgicale mobile divisionnaire.
sous la direction technique exclusive du chirurgien-chef.

Locaux ou tentes de triage.

O   O   O   O

Parc des voitures
d'ambulance
automobiles

Parc des camions,
matériel,
cuisines, etc.

Salle d'opérations aseptique
pour les opérations d'extrême urgence.

O   O   O   O   O   O   O   O   O   O
O   O   O   O   O   O   O   O   O   O
O   O   O   O   O   O   O   O   O   O
O   O   O   O   O   O   O   O   O   O

O

Tout ce qui est
entre les deux dou-
bles traits se trou-
ve placé sous la
direction techni-
que exclusive du
chirurgien-chef de
la formation chi-
rurgicale mobile
divisionnaire.

Locaux ou tentes d'hospitalisation.

O   O   O   O   O

Les opérés transportables seront immédiatement évacués vers les hôpitaux fixes les plus proches.

Évacuation immédiate par les autos, partant des tentes de triage, de tous les blessés légers : 1° vers le dépôt d'éclopés; 2° vers la gare la plus voisine; 3° les blessés dont l'état ne permet pas l'évacuation immédiate vers la zone de l'intérieur seront dirigés sur un hôpital temporaire de la zone des armées.

Dépôt d'éclopés.   Gare terminus.   Hôpital temporaire.

O   O   O

Infirmerie et hôpital de la gare d'évacuation
où se feront un second examen et un nouveau triage de tous les blessés.

O

Limite entre la zone des armées   O   *et la zone de l'intérieur.*

Gare régulatrice
Transport des blessés vers les gares de répartition de la zone de l'intérieur.

TABLE DES MATIÈRES

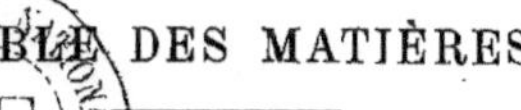

Paris. — L. MARETHEUX, imprimeur, 1, rue Cassette.